总台人物

属于时代的群星闪耀时

中央广播电视总台　编著

生活·讀書·新知 三联书店

Copyright © 2024 by SDX Joint Publishing Company.
All Rights Reserved.

本作品版权由生活·读书·新知三联书店所有。
未经许可，不得翻印。

图书在版编目（CIP）数据

总台人物：属于时代的群星闪耀时 / 中央广播电视总台编著． —北京：生活·读书·新知三联书店，2024.8
ISBN 978-7-108-07818-6

Ⅰ．①总… Ⅱ．①中… Ⅲ．①电视节目－节目主持人 Ⅳ．① G222.2

中国国家版本馆 CIP 数据核字 (2024) 第 056284 号

责任编辑	林紫秋　王　伊
装帧设计	赵　欣
责任校对	张国荣
责任印制	李思佳
出版发行	生活·讀書·新知 三联书店
	（北京市东城区美术馆东街 22 号　100010）
网　　址	www.sdxjpc.com
经　　销	新华书店
制　　作	北京印艺启航文化发展有限公司
印　　刷	北京启航东方印刷有限公司
版　　次	2024 年 8 月北京第 1 版
	2024 年 8 月北京第 1 次印刷
开　　本	720 毫米 × 1020 毫米　1/16　印张 20.5
字　　数	395 千字　图 438 幅
印　　数	0,0001 - 10,000 册
定　　价	98.00 元

（印装查询：01064002715；邮购查询：01084010542）

《总台人物——属于时代的群星闪耀时》
编委会

主　任：慎海雄

编　委：慎海雄　王晓真　胡劲军　邢　博　范　昀
　　　　薛继军　姜文波　李　挺　刘晓龙　彭健明
　　　　齐竹泉　周振红　董为民

编　著：中央广播电视总台

策划编辑（统筹）：

　　　　梁建增　杨　华　张利生　窦小文　谢宝军
　　　　苑文刚　王茂华　贾　健　任永雷　徐　琰
　　　　韩春苗　孙莲莲　马媛媛　沈　玉　蔡　楠
　　　　韩　平　李　冰　王　姝　吴　楠　王　婧
　　　　申　思　戴　冰　李冰心　何　琳　刘支梅
　　　　朱旭红　李　静　林　秀　王春浩　林　凌
　　　　张　鸥　丁　喆　孙嘉曈　马小静　刘　磊
　　　　尚美辰　安文敬

目录

8　序　属于时代的群星闪耀时

攀登者

不畏浮云遮望眼 10

12　康　辉　"热搜体质"背后，是专业的无限可能
22　肖振生　从业三十一年，仍是那个阳光的追风少年
32　崔天奇　十三载通宵达旦，总记得为何出发
42　吴　杰　除了"军迷天花板"，我还有更多身份
52　刘　馨　与总台大剧一道勇攀高峰

长风破浪会有时 64

66	于　蕾	做一把朴拙坚韧的钝斧
76	王端端	北京冬奥会播报"梦之队"的千锤百炼
86	贺　炜	我不是足球诗人，是体育迷的陪伴者
96	尼格买提	珍惜总台给我"试试看"的机会
106	方　亮	永葆新人之心，常播常新

热爱可抵岁月漫长 116

118	任鲁豫	央视一号厅的老朋友，除夕夜的守岁人
128	闫　东	连接时空，与历史亲历者共振
138	刘　帆	深耕文化创作，总台担当绝不缺席
148	卢小波	打造爆款，靠"大家"格局与工匠精神

进取者

浩渺行无极，扬帆但信风 158

- 160　龙　洋　从《中国诗词大会》到总台春晚，梦想不负赶路人
- 170　邹　韵　从好记者到好主持人的蜕变之路
- 180　严於信　主播生而为蝉，静待破土之日
- 190　张　韬　做追梦路上勇敢的行者
- 200　刘　珂　5G+竖屏时代，探索新技术，打造新看点

鼎新者

海阔天空想，脚踏实地干 210

- 212　陈子隽　我想拍不一样的科学纪录片
- 222　温　露　转换赛道是全力奔跑的新起点
- 232　王筱磊　开启一场全新的奔跑

执甲者 敢战必赢，一跃而起 240

242	刘骁骞	奔跑在新闻现场的"打鱼人"
252	陈慧慧	亲历火线，让真相抵达人心
264	赵 兵	枕戈待旦，不避火矢，发战地之先声

纵横者 让世界倾听中国的声音 274

276	刘 欣	"不服来辩"的另一面是温和从容
286	王 冠	分享智慧、传播希望，让世界听懂中国
296	李菁菁	《菁菁乐道》和她的300万＋海外"朋友圈"
306	荣 褱	对外发声"敢讲"，更要"善讲"
314	杨 钊	在科学传播领域发出中国声音

序　属于时代的群星闪耀时

事业成败，要在得人。曹操曾在《短歌行》中吟咏"山不厌高，海不厌深。周公吐哺，天下归心"，以抒发求贤之心犹如高山不弃土石，大海不辞涓流，至礼迎贤，盛意拳拳。

千秋基业，人才为先。党的二十大报告强调，必须坚持"人才是第一资源"，深入实施"人才强国战略"，坚持"人才引领驱动"。人才，是各行各业最宝贵的资源，在竞争日趋激烈的全媒体时代，人才的重要性更为突出。习近平总书记曾做出深刻判断，"媒体竞争关键是人才竞争，媒体优势核心是人才优势"。如"周公吐哺"般惜才爱才用才，始终是中央广播电视总台人才战略所抱的赤诚情怀。

栽好梧桐树，引得凤凰来。总台是党的意识形态重镇和国家广播电视台，是当今世界体量规模最大、业务形态最多、覆盖范围最广、节目生产量最大的综合性传媒集团，同时也是有理想抱负的年轻人施展才华、实现理想的绝佳舞台。总台最宝贵的优势，就是每一个总台人的大脑有取之不竭的创意，每一个总台人的身上有攻坚克难的勇气。大师闪耀，新人辈出，这是总台永葆青春活力、赢得成功的根基所在。

要想培育"千里马"，做好"伯乐"是关键。人才的涌现不能只靠会议的"上传下达"和文件的"规章条例"，不能让暮气沉沉的按序排辈、按资历排辈阻碍人才成长，只有多用几个实干实绩的秤砣，才能最大限度让人才脱颖而出。总台敞开大门，到实践里去"淘宝"，到一线中去"识珠"。不问熟不熟，先问能不能；不问亲不亲，只看行不行。只有当好人才伯乐，一马当先，率先垂范，才能让总台的千里马在新时代竞相奔腾。

试玉要烧三日满，辨材须待七年期。总台构建适配高质量发展的人才培养体系，分类建设"大师级"人才库、评选总台"十佳"和青年英才、选派青年业务骨干赴地方"蹲苗"历练、建立新入职大学生基层锻炼常态化机制，真正让总台人做到"有几把刷子"，会"十八般兵器"。正如热爱泥土的种子才能生根开花，扎根沃土的树苗才会枝繁叶茂，意气风发的总台人不断在艰苦地区、艰巨岗位、艰难项目中躬身实干、大展拳脚。

从2023年3月起，《中国电视报》推出《总台人物》系列报道，通过人物专访、深度对话，为广大读者描摹可亲可感、有血有肉的总台人物"群体肖像"。有多少个"总台首发""总台出品""总台原创"，背后就有多少个总台人在默默奉献。看得见战火、闻得见硝烟、经得起历练、打得了胜仗，他们的脚印串成千万米长线，用五洲四海的思与行、披荆斩棘的泪与汗，诠释着"总台铁军"四个字的千斤分量。

受人尊敬的媒体需要有受人尊敬的从业者。在《总台人物》系列报道刊发一周年之际，我们将首批刊发的30位总台人物的报道集结成书，希望能让读者感受到总台人的拼搏、服务与奉献，以诚挚之心在广大观众和总台之间搭建起一座"连心桥"。文字虽小，可绘就如磐初心；笔锋虽薄，可描摹如炬使命。这是属于总台的群星闪耀时，抬眼望去，光华灼灼，熠熠生辉。

慎海雄

中央宣传部副部长
中央广播电视总台党组书记、台长兼总编辑

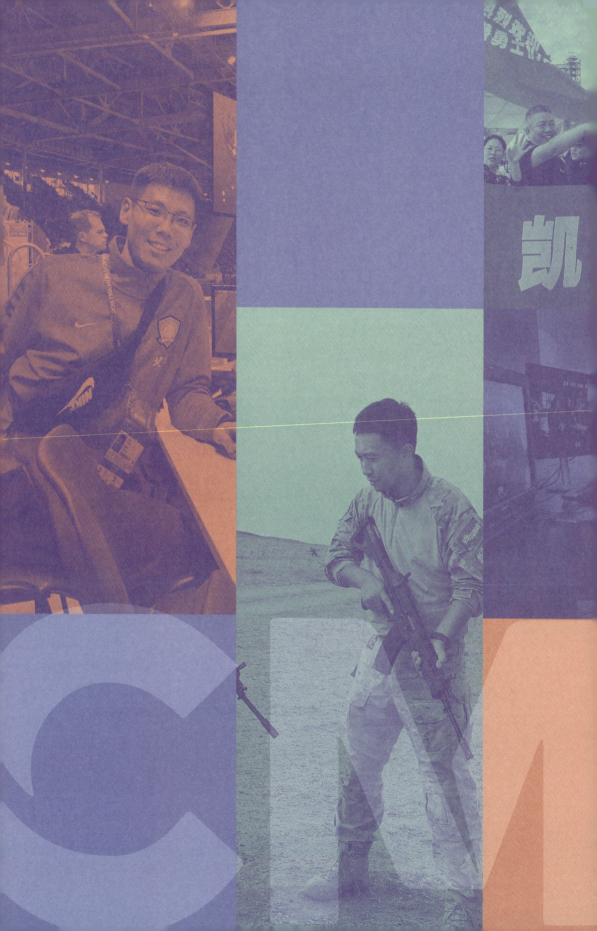

攀登者

不畏浮云遮望眼

中央广播电视总台新闻中心新闻播音部主任、央视《新闻联播》主播。中国共产党第十九次、第二十次全国代表大会代表,享受国务院特殊津贴专家,中国文学艺术界联合会全国委员会委员,中国电视艺术家协会副主席,中广联合会播音主持委员会常务副会长。

从业 31 年,参与多项国家重大宣传报道任务,主创的多个电视节目、新媒体节目获中国新闻奖、中国广播电视大奖等,入选全国宣传文化系统文化名家暨"四个一批"人才工程。曾荣获全国五一劳动奖章,全国德艺双馨中青年文艺工作者,全国学雷锋志愿服务最美志愿者,全国新闻广播影视出版系统先进工作者,中国播音主持"金话筒奖",中央广播电视总台首届、第二届十佳电视播音员主持人等荣誉。

Kang Hui

"热搜体质"背后,
是专业的无限可能

中央广播电视总台新闻中心播音部主任
《新闻联播》主播

康辉

> **我做的很多尝试，都是在拓展空间，也是在寻找边界**

"现在网友都在讨论什么'社恐''社牛'，其实我真的是有一定程度的'社恐'，跟完全陌生的人在一起，就会很局促，不知道要说什么。"

这是我们不熟悉的康辉，不似《新闻联播》里口若悬河的"播神"，也迥异于网络上幽默犀利的"康怼怼"。对一个以"说话"为职业的人来说，这样"一言不合"就喜欢"缩进自己小天地"的性格多少有点儿拧巴，所以康辉说，"如今看来，我做这个职业本身就是一个很奇特的机缘"。

直到今天，坐上《新闻联播》主播台时，康辉仍会紧张，只是不同于初出茅庐时的忐忑，"太熟悉"之后仍然每次都"打起十二分精神"，是为了"不辜负"。"我一直觉得不是说你坐在这儿了，你就天然配坐在这儿，那只能证明你原来做的工作被认可，而你只有在这个岗位上做得更多、做得更好，才不辜负这个岗位。"

这些年，从不断刷新的口播纪录到刷爆朋友圈的《主播说联播》和"出道即巅峰"的《大国外交最前线》，再到央视频上风生水起的《康辉说》，康辉意外地成为"热搜体质"。他不断尝试新事物，也在开发着自己的"无限可能"。

对此他笑言："我这么'社恐'的人，真的不敢说喜欢挑战，但有时候你不想迎上去也得迎上去。可能个性当中多少总有一点好强的东西吧，总想证明，我努力了就可以做到。"

媒体融合，不进则退。躬身入局，为《新闻联播》代言，他愿意做这样的"网红"。这是一份责任感，也是使命感。走进职业生涯的第31个年头，不管是播音基本功的锻炼还是各种新媒体领域的探索，都是有用的积累。"好比我有一个工具箱，螺丝刀、钳子、镊子……都在工具箱里，时时打磨保养，随时拿起来就能用。工具越多越好，就越得心应手。像慎海雄台长说的，要真正做到'有几把刷子'，会'十八般兵器'。"

曾经，康辉的一段有关"少年感"的解读在网上刷屏，他说少年感不是"白衬衫""露脚踝"，而是"眼睛里始终有一道清澈的光"。

"努力地去试每一个选项""给自己拿到一个高一点的平均分"，在他的眼里，我们也分明看到了那一道光。

谈"口播纪录" | 我不相信有"上去就播"的"神人"

2022年,你又一次刷新了自己的口播纪录,《新闻联播》61分钟口播13143个字,全程无卡顿、零失误,但这已经不是你第一次"惊"到我们了。2020年11月3日,同样是你坐镇《新闻联播》,22分38秒超长口播,被夸上热搜。这样的"惊人"纪录背后有哪些奥秘?

2023年5月,康辉在总台《新闻联播》栏目开播45周年座谈会上发言

长达61分钟的口播,对我来说是第一次。可以向大家坦言,这段口播是录制的,在时间允许的情况下,这样更能保证安全。但说实话,这样的录播与直播相比,压力并不会小多少,必须要求自己像直播一样一遍过,更何况这样长篇幅的稿子,中间如果断了,从头再来,不一定能保证第二遍录的状态就更好。所以只有调动自己所有的专业储备、基本功,做好充分的准备。其中也包括体力的准备,要保证自己的气息足以支撑声音和表达从头到尾保持一样的状态。61分钟,需要把劲儿使匀了。其实最难的地方并

康辉在演播室录制《新闻联播》

不在于能够撑住、读下来没有错。我们的专业要求表达无限地靠近精准,只有把内容吃透,才能该用情的时候用情,该用力的时候用力。

22分38秒那一次,虽然播出前8分钟才拿到定稿,但等的其实是《新闻联播》的摘发稿,文件全文在当天18:00左右央视新闻就已经发布了,我一直在熟悉内容。尽管最后的播出稿只摘发了差不多1/3,但如果不熟悉全文内容,对这1/3的表达肯定是有损伤的。

我不相信哪个主播天生就有这种本事,什么都没准备,上去就播,还能完成得很好。在《新闻联播》的日常播出当中,每条新闻背后都有很多需要准备的东西,特别是对国家大政方针、工作重心等要深入了解。

你为什么能把播音做到如此极致?

先澄清一下,不是说这活儿除了康辉就没人能干了,我相信我们团队的每个伙伴关键时刻都能冲得上去,因为我们都是专业人员。

我们不是"念",是"表达",不仅要逐字逐句准确,更重要的是要让人听出来它是精准的表达,态度、分寸、火候都要到位,而不是念了一堆字,每个字都正确,但人家听不明白你念的是什么。

这"照本宣科"的背后,学习和成长空间是很大的。我们刚工作的时候,还有一项重要的训练,就是自己动笔写稿、改稿,让它更适合口语的表达,要让观众、听众不用费神,哪怕是手上在做其他事情,不经意间就能够听清楚、听得懂。

谈《新闻联播》| "风平浪静"和"波澜起伏"都是日常

"江湖"上流传着很多关于你"神级救场"的案例,感觉不管是遇到重、难、急稿,还是提词器突然失灵等意外状况,你都是"泰山崩于前而色不变"。

只要是人不是机器,就不可能"泰山崩于前而色不变",只不过有些人能控制着不让旁人看出来。

我其实一直是焦虑感特别强的人,除非有一天我不干这个工作了,否则不太可能把它完全消除掉。不仅是直播或录制节目的时候,甚至有时候主持一些会议、论坛,我也会习惯性地催着工作人员,能不能提前把内容给到我,让我先做准备。他们挺奇怪的,说"康老师您不用急,对您来说这不是小菜一碟嘛",但我真不这么看,哪怕只是简单的一二三四五走程序,我也不能拿张纸上去,念完就完事,要有标准。

录节目的时候,很多编导会说"我们会给您打印好手卡",我也常要求"能不能再多给我一些空白手卡,我可能需要在上面写一些东西"。写一写,我的脑子里就有画面了,最后那些手卡上密密麻麻的字,别人看不懂,但我自己心里清楚。准备,不厌其烦地准备,真的非常重要。

《新闻联播》的每一天,我们都在准备着会碰到意料之外的情况,"风平浪静"和"波澜起伏",对我们来说,都是"日常的一天"。

2023年,康辉担任杭州亚运会开闭幕式现场播报员

谈《大国外交最前线》| 时刻提醒自己不跑偏

康辉担任 2022 年北京冬奥会闭幕式现场播报员

融合传播时代，是不是对主播也有了更高要求，不仅要会播新闻，还要会采访，更要懂新媒体？

媒体融合是大趋势，不能逆着潮流走。总台成立 6 年来，慎海雄台长一直强调守正创新，"大象也要学会跳街舞"。新媒体的阵地必须去占领，让我们的声音在这个平台上传播得更广、更远。

比如《主播说联播》，我们之前也做主播评论，但怎样在很短的时长内把事情说得清楚又有趣味，是一个挑战。

康辉在人民大会堂东大厅拍摄
《大国外交最前线》

康辉在人民大会堂东门外广场录制《大国外交最前线》

这几年你还带着手机和自拍杆,在《大国外交最前线》带来生动精彩的独家 Vlog。

不知道大家有没有发现,《大国外交最前线》现在变得更"硬核"了,我们正在尝试把评论功能放进去。像"行李箱里装什么""补光灯神器"这样的花絮大家是喜欢看,但如果只能提供给大家这些,就不是《大国外交最前线》,而是变成主播"旅游秀"了,这也是我时刻提醒自己不要跑偏的。

2022年G20巴厘岛峰会,能拿到进入主会场许可证的媒体记者很有限,我和时政新媒体的同事只能在外围拍摄一点街头的影像,怎么才能结构好这一条短视频?最后我们是从巴厘岛的风光与东道主的热情导入,落到"在这么美的地方开会,大家更应该有事儿多多商量、有事儿好好商量",提醒某些国家不要"只奔着吵架来",挑战面前更需要共克时艰。

有了更多评论色彩,即使不是在"最前线",也有了"最前线"的气质和锐度。

2023年3月,康辉在莫斯科报道习近平主席访俄

这些尝试也让你在新媒体平台有了很多粉丝,成了"网红",而你说"这样的'网红'我愿意做"。

许多90后、00后的年轻人认识我,不是从电视上,而是从手机里。我觉得要先让年轻人在他们熟悉的网络平台上看到我、认识我,再到接受和认可,我才有可能把他们的关注点引向大屏,引向《新闻联播》,让他们也从《新闻联播》这个观察、记录中国政治、经济、社会生活的重要窗口去了解国家大事。

所以,这些年我做的很多尝试,都是在拓展空间,也是在寻找边界。如果向前走了三步,发现需要退回来一步半,那也是向前进了一步半。如果一直不往前走,就只能原地踏步。

康辉与同事们一起讨论节目

闲聊两句

你从小就是"别人家的孩子",长大了是网友眼里"行走的活字典",是大家羡慕的对象、学习的榜样。很好奇有没有什么是你特别不擅长的?

"行走的活字典"绝对是小撒、小尼给我戴的"高帽子",实在不敢当。别说大范围了,就在我们播音部,贺红梅老师在这方面就胜我一筹。

当然,这个"高帽子"的正面作用就是更加督促我要多学习。我们最常用的汉字不过300多个,而常用汉字有3000多个,最常见的《新华字典》则收录了约10000个汉字,《现代汉语词典》《康熙字典》《汉语大词典》等收的字就更多了,哪里就敢说自己是"行走的活字典"了。

说到特别不擅长的,就是运动。好多人都说运动减压,可我总是犯懒。

那你有什么独家减压方式吗?

撸猫算吗?我现在有两只猫,就像自己家孩子一样,工作累了,回去和它们玩一会儿就很高兴,很治愈。

猫虽然不像狗那样天天追着你跑,但你对它好,它就会对你投入同样的甚至可能更多的感情,你能从它的眼睛里感受到无条件的信任,特别纯粹。我的大猫波波今年都22岁了,我还期盼它创造猫龄的世界纪录呢。

记者:孙莲莲 中国电视报

从业三十一年，
仍是那个
阳光的追风少年

中央广播电视总台广东总站暨粤港澳大湾区总部党委书记
第17届长江韬奋奖获得者

肖振生

法学硕士、经济学博士，现任总台广东总站暨粤港澳大湾区总部党委书记。第17届长江韬奋奖获得者，全国宣传文化系统文化名家暨"四个一批"人才，享受国务院特殊津贴专家。从业逾30年，始终坚守在新闻采访一线。独创、主创的新闻、专题作品多次获得精神文明建设"五个一工程"奖、中国新闻奖等。组织、策划、参与多项重大主题主线报道、经济报道。

Xiao Zhensheng

"理性的约束加上感性的释放，才能打磨出好作品"

在近些年中央广播电视总台出品的众多金牌项目中，"玉渊谭天"这支舆论场上的"轻骑兵"表现亮眼，屡立"战功"。现任总台广东总站暨粤港澳大湾区总部党委书记肖振生就曾负责落实这支"部队"的创立。"一开始也是挠头，不知道怎么干，后来一点点学，一步步往前冲，慢慢就做起来了。现在提起'玉渊谭天'，业界都很认可。"

"从不知道怎么干到咬牙学着干，再到渐渐会干了"的过程，对于肖振生来说并不陌生，甚至可以说是他职业生涯的缩影。1993年，学法律的肖振生阴差阳错进入中央电视台新闻中心工作。如果把他这30多年来的职业生涯浓缩成一卷录影带，那在这卷带子的第一帧，就是领导替他挨训的"精彩瞬间"。

那是他第一次上手做采访、编片子。照猫画虎做完后，来到审看间审片，放完片子，审片领导没吱声，只说让把他的科长找来。肖振生回忆："大领导没骂我，对我和蔼可亲，就是把我的科长骂了一顿，说：'新来的同志，你们倒是先带一带啊！'"

就这样，所学专业不对口的肖振生还在新闻的大门口徘徊，就一头撞上了门框。那时的他是真发愁啊，怎么办？没办法，只能咬牙学。

好在运气不错，进入单位的第二年，他被派去报道重庆西南纺织厂的破产。破产法，他学过！扎实的专业知识加上日渐熟练的新闻报道技术，他做的系列报道居然拿了中国新闻奖一等奖。再见到那位"训人"的审片领导，肖振生俨然不再是需要"带一带"的对象了："你们看看人家肖振生，没学过新闻，来了一年就拿了中国新闻奖！"

就这样，他的职业生涯步入正轨。数不清参与了多少个大项目，1998年抗洪、中国"入世"、抗击"非典"、汶川地震、北京奥运会、万米载人深潜、中国空间站建设……很多产生巨大社会影响的新闻报道，他都曾参与其中。岗位、职务几经变动，不变的是这30多年来的求知若渴与自我超越。没有什么应不应该、值不值得，"面对新闻要像疯子一样往前跑"是再自然不过的事情。

付出与回报能成正比，是一件幸事。肖振生的"职业录影带"里，有不少荣耀瞬间。他独创、主创的新闻、专题作品3次荣获精神文明建设"五个一工程"奖，数十次荣获中国新闻奖，上海电视节"白玉兰奖"、中国电视"星光奖"、中央广播电视总台台长特别奖等，其他各类奖项不胜枚举。他本人因工作业绩突出，荣获全国优秀新闻工作者最高奖——长江韬奋奖。

现在，这卷"职业录影带"的空白胶片已所剩不多，回望这风雨兼程的31年，肖振生心怀感念："感谢自己，再难也咬牙坚持不放弃；感激总台，我的职业生涯很精彩；感恩新闻事业，我为之奋斗一生。"

谈主题主线报道 | 好作品是理性的约束加上感性的释放

你组织完成的大型政论专题片《摆脱贫困》，被誉为"记录中国奇迹的影像'史记'"，这部作品缘何收获如此高的评价？

中国的脱贫攻坚是一项了不起的壮举，能参与记录这一壮举是我的荣幸。一开始主创团队对这部片子的性质曾有讨论，最后大家达成一致，希望做一部偏纪录片的政论专题片。在这部片子中主创人员的情感和观点占比很少，更多的是事实真相，我们要展示中国人在摆脱绝对贫困这一壮举实现过程中的真实经历，让这份真实直击人心。

2021年5月，肖振生在特别节目《今日中国·广东篇》审片现场

大型政论专题片《摆脱贫困》海报

这个做法是一条更难走的路，风险更大，需要投入的人力成本更高。即便如此，我们的底线仍是坚决不能牺牲作品质量，对于素材的筛选也更加严格。为一集片子拍10个故事，我们优中选优，最后可能淘汰6个。留下的一定是最打动人的好故事，有时自己看着片子眼泪都忍不住往下掉，说明这就是我们要留下的素材。

做这部片子对我也是一次心灵的净化。比如第六集《家国情怀》，讲了将生命永远定格在扶贫路上的黄文秀和王新法的故事，我每每看到这里，眼眶都发酸。他们用生命诠释了中国共产党人的理想和胸怀，我一定要把他们的故事讲好、把片子拍好，否则怎么对得起这些平民英雄？

你作为总导演创作的《必由之路》全方位展示改革开放波澜壮阔的伟大历程，引发社会各界热议，能否谈谈你的创作感想？

在创作《必由之路》时，我们构建了历史和国际这两个纵横坐标，力求以更大的格局、更开阔的视野展现中国改革开放的时代定位。同时，节目跳出"高举高打"的创作模式，将大国之命运与小家的变迁紧紧勾连，片中的一幕幕皆能勾起观众的回忆，虽然是在讲述一个宏大主题，却能引发千万普通百姓的集体情感共鸣。例如我们用1974年邓小平同志出访带回的100个牛角面包引出时代变革的大背景，再讲到2.8亿名农民工离开故土建设城市，下岗职工艰难转型，这些都能让普通观众感受到个人奋斗与祖国发展的共振共鸣。

创作这部片子时的全身心投入让我难忘。记得那是在北京五棵松的创作基地，有一天中午，我满脑子想的都是这部片子，就这么边走边想，竟然把基地的玻璃大门撞碎了。到现在，我都不知道我怎么能把那么厚的玻璃门撞碎，感觉我的魂儿就像跑到片子里去了。

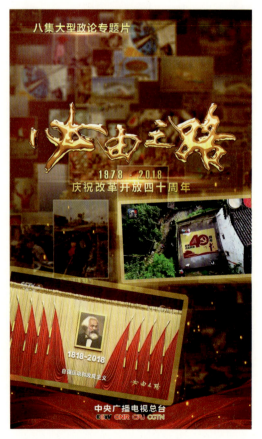

八集大型政论专题片《必由之路》海报

31年深耕主题主线报道，你如何使报道效果最优化？

做主题主线报道本质上还是处理新闻和宣传的关系问题。新闻和宣传并不矛盾，而是一对统一体，是一个问题的两个方面。什么才是最好的处理方式？我认为是用新闻的方式表达宣传的内容，不能吹胡子瞪眼地灌输思想，而是摆正态度、娓娓道来，把故事讲好，和观众交朋友，形成共鸣。

此外，新闻宣传在不同媒介中有不同呈现规律，例如品读文字能带来深入的理性思考，而几万人同时看球赛则是酣畅淋漓的情感释放。媒体人应该充分认识、把握这些规律，为真实的新闻故事匹配最适合的呈现方式，理性的约束加上感性的释放，才能打磨出好作品。

谈守正创新 | 新闻工作者也可以推动世界级技术进步

在"奋斗者"号载人潜水器万米级海试过程中,你跨专业担任相关课题总负责人,实现全球首次万米水下视频直播,是"向世界讲述中国故事"的又一次生动实践。你为何想"跨界"尝试如此高难度项目的开发?

关于电视视频的表达,多数情况下技术的突破是视觉进步的先导。在新媒体高度发达的趋势下,对于重大工程、重大事件进行高强度、连续性的大体量长期跟踪直播,是大屏能够发挥优势的几个阵地之一。我们在总台,有大量的机会利用技术优势突破性地实现重大工程的创新报道,因此这是我长期关注的一个领域。报道"奋斗者"号的万米深潜,就是其中一个成功案例。

在"奋斗者"号万米深潜之前,我们已经完成了"蛟龙号"7000米深潜的全程跟踪,但在万米海洋底部进行视频采集、传输和储存的技术,在当时的世界范围内都是空白。万米水下的压力是什么样?就相当于在手指甲盖这么大的面积上站着1000头大象,可想而知,项目所需的摄像机、镜头、灯光、电缆全部都是空白。我作为课题总负责人组织国内上百家单位联合攻关,克服重重困难,最终由总台牵头成功开发出这套世界级领先技术,这也为我国在海洋勘探、紧急救援、国际合作等方面的技术应用打下坚实基础。

对我来说,实现这个项目也是开辟了一条新道路,它证明了我们搞新闻传播的同志也可以勇敢地向技术领域拓展,在专业人士的协助下,集中更多的社会资源,把做新闻的路走得更远更深。世界级的技术进步,同样可以由我们新闻工作者推动。

2018年6月,海南海口,肖振生作为"全海深视频采集、传输、处理技术"课题组负责人,远程参加科技部专家组立项答辩

肖振生在江苏无锡中国首艘万米级载人深潜器建造完工现场

2020年11月,肖振生在中央广播电视总台新闻演播室与远在马里亚纳海沟进行"奋斗者"号载人潜水报道的团队视频通话

2020年12月,肖振生在海南三亚迎接"奋斗者"号载人潜水海试团队归来

你曾参与、主持创办"玉渊谭天"微信公众号,打造这支国际舆论场上能打硬仗的"轻骑兵",初衷是什么?

这个项目是总台台长慎海雄一手策划、命名、推动的,每篇稿件他都直接修改。总台编务会议成员李挺也付出了大量心血。因为中美贸易摩擦出现后,我们已经清晰认识到传统媒体在宣传报道手法上较为单一。"玉渊谭天"的创办就是一次创新尝试,我们紧扣中美贸易摩擦中的新闻事件,成功实现了"中央精神、总台立场、民间表达"。后来新闻中心张勤团队干得更出色,现在"玉渊谭天"已经成了一个响当当的品牌。

另外,"玉渊谭天"很重视大数据的信息可视化呈现,即借助最先进的视频技术让老百姓也对复杂的新闻有更清晰的认知,这得益于我们前期在信息可视化工作上进行的持续开发。此前这些工具在经济新闻报道中应用更多,但在国际关系报道中、在大小屏联动中充分应用信息可视化手段,还是一个新颖的尝试,也取得了很好的效果。

守正创新,你认为新闻人要守的正、创的新分别是什么?

我认为守正,就是忠诚于中国共产党、忠诚于祖国,对我们国家的道路、理论、制度、文化拥有绝对的自信,也要认识到中国能取得如今的发展成就是一件多么值得骄傲的事情,爱国是新闻人要守的底线,我们也理应发自心底地热爱祖国。

创新,就要求新闻人保持学习、与时俱进、一专多能,吃透互联网时代新闻的传播规律,把新闻产品做到极致。不夸张地说,AI技术在新闻报道领域的开发已经到了令我担心手中饭碗的地步。未来,新闻工作者的创造性工作又在哪些方面体现?这值得我们思考。

谈肩负使命 | 新闻人站在时代的桅杆顶端

2020年1月27日，肖振生在武汉市金银潭医院了解抗击新冠疫情相关情况

2020年，你作为总台武汉前方报道组总负责人，坚守武汉抗疫一线90多天，当时你肩负着怎样的责任？

我肩负两份沉甸甸的责任。第一份责任是最重要的，要把习近平总书记亲自指挥、亲自部署，统揽全局、果断决策，为中国人民抗击疫情坚定了信心、凝聚了力量、指明了方向的事实报道好；把经过艰苦卓绝的努力，扭转了疫情局势、遏制了疫情蔓延势头的情况报道好；把最终取得武汉保卫战、湖北保卫战的决定性成果报道好。当时武汉已成世界舆论焦点，负面舆情暗流涌动，心怀鬼胎的人借机大做文章。我作为总台武汉前方报道组总负责人，有责任和义务与我的团队一起，把真相传播出去，把生命至上、命运与共的精神传递开来。

第二份责任是这个团队中200多人的安全。我们大年初二到达武汉，慎海雄台长、李挺编委就多次严肃要求我，务必确保团队每一个人的安全！我暗暗告诫自己，这200多位兄弟姐妹一定要全部平安。他们中的一些人给家人留了遗书；更多的人像我一样，是撒谎瞒着父母走出家门的。当时我压力巨大，每天绞尽脑汁、竭尽所能协调工作，在有限条件下保证每一位同志的生命安全。

回头看看，我认为这两份责任我都担起来了。到达的第二天，总台武汉疫情前方报道组临时党总支成立，总台前方演播室开设，90多天里我们挖掘了大量新闻事实、新闻故事，都很正能量。虽然团队有33人次密接，险象环生、惊心动魄，但我们措施到位、纪律严明，最终总台武汉前方报道组全员平安返京，我没有辜负领导、同志们的信任，对此我一辈子都引以为豪。

你在从业的 31 年中收获了很多荣誉，现又获得第 17 届长江韬奋奖，有什么感受？

高兴，但更多的是平静。到了职业生涯的尾声，我仍在问自己：我所取得的成就，有多少归功于我自身的努力，又有多少来自平台的助力？总台这个平台太难得了，我所成就的一切都是踩在巨人的肩膀上，如此我才有幸得到这么多重要的报道机会，参与这么多大项目。

2010 年 4 月，肖振生在玉树地震灾后救援现场

玉树地震救灾现场条件很艰苦，饿了就只能吃口方便面

2020 年 4 月 28 日，肖振生在从武汉抗疫前方撤离回京的高铁上

回望来时路，你作为新闻工作者的抱负和理想都实现了吗？

实现了六成吧。是不是比你预计的低一些？我认为新闻人应该站在时代的桅杆顶端，新闻工作者应该承担的历史责任和历史使命，是要引导启迪、帮助广大民众觉悟，是要推动改变一些不合理的东西，推动文明的演进，推动国家强盛、民族复兴。在这些方面，我还有很多想做的工作，我觉得身上的劲儿还没有使完。

但总体而言，我的职业生涯很圆满。我上学学的是法律、世界经济，1988 年我就拿到了律师资格证。如果当年没来电视台工作，现在我可能是个律师。我不知道自己在司法领域能做到什么程度，但我的经历一定没有现在丰富。在这样一个难得的平台度过 31 年精彩的职业生涯，我很幸运。

闲聊两句

你求学时曾研习法学、经济学等专业,后又在工作中持续补充新闻学、传播学知识,为何要在这么多领域进行学习?

读书是我放松、给自己充电的方式,我家中收藏了6000多册书。看的书越多,我不懂的知识就越多。我享受找到答案时的喜悦,又会为新出现的问题而激动。我喜欢求知的感觉,希望我的一生能在不断探求新知识的过程中度过。

作为前辈,你想对新一代新闻工作者、总台的年轻力量说些什么吗?

简单说这么几句吧!第一是要忠诚于党和国家,还有你的职业,你是干这行的,得有最基本的素养;第二是要与时俱进,不要被时代落下,这个时代发展得太快了;第三,要求新求变,不断地超越自己,既对社会有用,回首职业生涯时也能给自己留下点东西。

记者:吴楠 中国电视报

十三载通宵达旦,
总记得为何出发

中央广播电视总台新闻中心早间节目部编辑、记者
《新闻和报纸摘要》《新闻纵横》责任编辑

崔天奇

中央广播电视总台新闻中心早间节目部编辑、记者，总台中国之声《新闻和报纸摘要》《新闻纵横》责任编辑，中央广播电视总台第二届青年英才称号获得者。曾荣获第27届、第29届中国新闻奖以及2016年"亚广联奖"创新节目类大奖。他负责采写播报的《新闻面孔》《新闻里外里》等专栏已陪伴受众十年有余，其中《新闻面孔》曾荣获2015—2016年度中国广播影视大奖广播栏目类大奖。

"关心年轻人关心的事，说年轻人说的话"

现在问起很多80后、90后对于"话匣子"（收音机）的印象，很多人都会提起《小喇叭》。每天晚上8点，当《小喇叭》的前奏音乐响起的时候，很多喜欢登高爬梯、上房上树的孩子才能老实一阵子，围坐在"话匣子"旁边安静地收听这档少儿节目。也只有在这个时候，他们焦头烂额的家长才得以踏实一会儿，抽空把晚饭的碗刷了。

然而，对一个生活在北京胡同里的小男孩来说，他关于"话匣子"的记忆就不一样了——从小学一年级到高中三年级，每天早上6点半准时响起的《新闻和报纸摘要》的前奏曲《歌唱祖国》伴随了他整整12年。只要音乐响起，就意味着如果他胆敢再拖延一分钟，上学就要迟到了。每到这时，他的父亲就会敲着自行车后座说："你听听你听听，'中央'都催你出门啦！"

小学二年级，他学吹萨克斯管的时候，学到《歌唱祖国》，老师还没教，他就能吹出主旋律，甚至还能哼出来隐藏在主旋律背后的伴奏声部，令老师惊诧不已。

这个听着《歌唱祖国》长大的男孩子当时还未曾想到，若干年后，自己会成为中央广播电视总台新闻铁军中的一员，为《新闻和报纸摘要》《新闻纵横》奉献13载青春年华。他，就是总台新闻中心早间节目部编辑、记者崔天奇。

当被记者问到日常工作的时候，崔天奇笑着说："我从2011年参加工作至今，其实只干了一件事，就是坚持上了13年通宵大夜班，和同事们一起编辑超过1500期的《新闻和报纸摘要》和《新闻纵横》。"

谈日常工作 | 13 年坚持"夜白休"三班倒

《新闻和报纸摘要》和《新闻纵横》是总台广播平台最重要的两档新闻节目,编辑上的是号称"中国新闻界最艰苦的大夜班"。这是一种什么样的工作状态?你每天的工作内容都有哪些?

我们一个夜班的时长是十七八个小时。每天早上一睁眼,就要开始寻找适合明天播出的选题;下午到岗之后,我就会被分到五六个选题,要分别和负责采写选题的记者实时联系对接,全面掌控这些新闻选题的进度。这五六个选题涉及的领域可能完全不一样,这个时候我就要"化身"电脑,把自己的大脑暂时"格式化",再重新分成对应的五六个区,去深入了解这些领域。即便有些领域是完全陌生的,也要用一个晚上的时间把自己训练成一个"专家",以保证第二天播出的节目完全正确。

在排班制上,我们是"夜白休",也就是三班倒,每次下了班确实会感觉"身体被掏空"。如果有人请假,就需要有其他同事来顶上,这是很辛苦的。

2018 年 3 月 29 日,"报摘"功勋播音员于芳退休前最后一次播音。崔天奇说很荣幸作为那一期节目的导播

2022年3月，总台融媒体特别节目《两会你我他》央广部分"小崔来观察"全体主创人员合影

《新闻和报纸摘要》和《新闻纵横》可谓总台"头条工程"创新升级的桥头堡。为了实现创新升级，你们进行了哪些探索和努力？

我觉得这个问题可以从两个维度来讲，就是总台"头条工程"的质和量。

从质上来说，我们以"头条工程"为统领，以时政新闻为主线，创新主题报道，大量运用习近平总书记的同期声，真实、生动还原总书记的重要讲话，形成独特的听觉魅力和情感冲击。

从量上来讲，我们严守总台"头条工程"的标准，在党的二十大召开、中国共产党成立100周年、新中国成立70周年等重大时间节点，推出了大量精彩报道。

另外，我们近年来下大力气转变大家"广播就是收音机小匣子"的观念，通过多平台、多渠道的内容制作，告诉大家通过任何一个能跟着你走的设备，比如手机、平板电脑、智能手表甚至智能汽车，都能收听到总台"头条工程"的声音。

我们还把原本时长半个小时的《新闻和报纸摘要》和长达两个小时的《新闻纵横》打散，将大音频变成一条一条的小音频；对于独家新闻、重大新闻、核心现场或者核心当事人，再配发小视频。这样一来，节目内容形式更丰富，传播阵地也更大了。

2018年6月到7月，第21届国际足联世界杯赛在俄罗斯举行，中央广播电视总台直播了全部64场比赛。图为崔天奇在总台圣彼得堡体育场直播席

现在年轻人似乎不常听广播，但《新闻和报纸摘要》和《新闻纵横》拥有大量年轻听众。在你看来，这两档新闻时事广播节目能够吸引年轻听众的秘诀是什么？

秘诀有很多，核心是要关心年轻人关心的事，说年轻人说的话。

2023年全国两会期间，我们推出特别报道《两会锐地带》，这是由中国之声年轻的编辑记者策划的，突出一个"锐"字，关注的都是年轻人最想了解的问题，比如创业就业的政策、"网红"景点的发展、青年榜样等。选题、采访、表达全面年轻化，由特点鲜明、故事生动的85后、95后编辑、记者与会场内的代表、委员互动。这只是一个典型代表，我们的节目对年轻人的关心、关注、关怀是始终贯穿在日常中的。

在一些重大问题、关键问题上，我们需要让年轻人听到主流媒体的声音。我们可以语重心长，可以理直气壮，但不能居高临下，否则就会影响传播效果。

谈创作体会 | 时刻牢记"我是谁、为了谁、依靠谁"

很多中国之声的听众都非常熟悉和喜爱一档观点鲜明、语言风格独特、特别接地气的栏目,叫《新闻面孔》,这也是由你负责采写、播报的专栏。当初是怎样的机缘,让这样一档栏目从无到有并茁壮成长的?

我父母住过大杂院,我本人住过筒子楼,这些地方是群众智慧、群众语言的大宝库。我参加工作之后,经常尝试使用胡同里的语言、语调或者语态去完成稿件的创作。很多听众会反馈说这些稿件一听就是出自某一位编辑之手,非常有特色,领导就鼓励我把这种文字风格固定下来。

不过因为播音员都经过严格的普通话训练,所以他们在读我写的这些稿件的时候,可能会稍微缺少一点韵味。于是领导跟我说:"交给你一个栏目,你自己写、自己采编、自己播报。"《新闻面孔》就这样创立了。到了今天,这个节目升级成了《新闻里外里》。

独特的语言风格其实是一把双刃剑,一些我觉得特别有意思的词语、说法,经常有其他地区的听众反映听不明白。因此在创作过程中,我逐渐找到了一种独特的语态,在标准普通话的基础上,融合一些北京话里地道又风趣的小词语、小句子,让大家既能听得懂,又感到有特色、不枯燥。当然,抛开技巧层面,节目的三观必须端正,展现事件本身的是非曲直,展示主流媒体的价值判断。

2022年3月,崔天奇正在进行总台融媒体特别节目《两会你我他》直播

崔天奇从一次理发中"理"出了"共同富裕"话题,并在 2022 年 3 月总台融媒体特别节目《两会你我他》中进行报道

现在新闻工作者都力行"改文风",创作"沾泥土、带露珠、冒热气"的作品,你在节目中如何体现出这个要求?

所谓"改文风",我个人理解就是说群众的话,让群众愿意听你讲的理儿。有人觉得这个很困难,因为大家都是独立的个体,凭什么你说的理儿就得让人家来听呢?新闻工作者都接受过一个教育,叫"我是谁、为了谁、依靠谁",只要记住自己就是群众、来自于群众,那么你说出来的话自然就是群众愿意听的话。

"沾泥土、带露珠、冒热气",说的是新闻工作者要深入社会实践。我经常到胡同里老大爷们对弈的象棋棋盘边、公园里跳广场舞的叔叔阿姨中,还有各行各业劳动者的日常工作环境里,去了解他们的想法、学习他们的语言。有一次,我去一家藏在北京南城老胡同深处的小理发馆理发,遇到一位老大爷,他刚做了手术,身体状态不太好。大爷却说:"勤推头、勤刮脸,倒霉一点也不显。等我从这儿出去,就全都没事啦!"我当时觉得这句话反映出的乐观态度非常让人感动,立刻把它记在手机里的文件夹中。很快,我在报道一名常年为独居老人义务理发、陪他们聊天排遣寂寞的理发师时,用上了这句话,希望把这种乐观主义精神传递给每一个人。

当然,比起很多前辈,在"脚力"方面我还差得很远,它不仅要求身到心到,更要求耐力恒心。我也会在这方面持续地、长久地努力。

谈"青年英才" | 这份沉甸甸的荣誉是鞭策

近年来总台大力推进媒体融合,你不仅出现在电波中,还出现在荧屏上,以及网民的手机里、电脑里。身为总台人,你对此有怎样的感受?

过去,广播有着收听技术门槛低、快速实时、具有人格魅力等优势。但是在融媒体时代,短视频、网络直播给传统广播带来了很大的挑战。总台成立以后,大力实施音频媒体的融媒体改革,巩固广播传统优势阵地的同时,把广播打造成了"看得见、摸得着、转得出、记得住"的音频媒体。我们有主播、有视频、有动画。可以说,融媒体真正让音频媒体成为全程媒体、全息媒体、全员媒体、全效媒体。

中央广播电视总台第二届青年英才这个称号对你而言意味着什么?

《新闻联播》主播康辉老师说过的一句话让我印象深刻,他说,不是说你坐在这儿了,你就天然配坐在这里,那只能证明你原来做的工作被认可,你只有在这个岗位上做得更多、做得更好,才不辜负这个岗位。这也是我面对这份沉甸甸的荣誉,打心底里想说的话。对我来说,青年英才的称号是荣誉,更是鞭策。

我工作的地方,是当今世界上体量规模最大、业务形态最多、覆盖范围最广、节目生产量最大的综合性传媒机构。这一方面给年轻人施展才华、实现理想提供了一个完美舞台,另一方面也让我们感觉到了巨大压力——作为总台青年员工,我们学习的脚步必须一刻不停,不断鞭策自己再掌握一般"武艺"、再多两把"刷子",这样才能满足受众的需求,跟上总台这艘巍巍巨轮的航程。

闲聊两句

你平时上节目会化妆吗？

日常上夜班的时候，别说化妆了，我都没时间洗脸。但是随着媒体融合的不断深入，我有越来越多在大屏小屏上出镜的机会，这个时候就必须对得起观众了。我还要特别表达一下对老一辈播音员主持人的敬意，比如全国听众都很熟悉的《新闻和报纸摘要》的播音员忠诚老师，每次播音的时候，即便听众看不见，他依然会穿好西服、打好领带，坐得端端正正，他说这是为了让自己保持积极严肃的状态和精气神，要对得起听众，更要对得起"报摘"这块金字招牌。

能否揭秘一下，平时外出采访都需要什么设备呢？

除了录制音频用的采访机和拍视频用的摄像机、手机，还需要剪辑用的电脑。在远离城市的新闻现场，我们还要随身携带无线网卡，保证素材随时传回后方。当然了，勤快的腿、灵活的脑、能写的笔，比任何技术设备都重要。

记者：王婧 中国电视报

中央广播电视总台军事节目中心
《军武零距离》栏目制片人、主持人、记者

吴杰

除了"军迷天花板",
我还有更多身份

2011年进入央视新闻中心工作,成为一名国防军工领域的出镜记者,先后参与载人航天、探月工程、国产航母和大型运输机等重大工程报道。2019年进入总台军事节目中心,负责国内首档全4K制播军事类常态栏目《军武零距离》,在节目中作为主持人探访体验部队一线真实训练,被广大观众和网友亲切地称为"军迷天花板"。作品《独家新闻纪实·C919首飞全记录》获第28届中国新闻奖三等奖。获评总台首届青年英才、总台第二届十佳记者。

> **"作为军事节目记者，我们生逢其时"**

手持摄像机让99A主战坦克从身体上方驶过、从十几米高的直升机上凌空索降、近距离感受迫击炮开火轰鸣瞬间、在海拔5000多米的地方扔掉氧气罐体验爬坡……

外号"军迷天花板"的吴杰，常常会在睡梦中一遍遍回放曾经的拍摄瞬间。

而每当清晨的闹钟响起，睁开双眼，他便会迅速回到现实，如军事训练般起床、洗漱、换装，准备出门，进入工作状态。

那个因长期出差变得破旧的灰色行李箱一直放在家门口的固定位置，每年累计超过200天的出差时长，让行李箱根本没有收起来的必要。行李箱里，放着早已准备好的战术服、战术靴和几本有关军事知识的书，以及总是带着但总也不记得擦的防晒霜。这就是吴杰出差的全部家当。

关灯、锁门。新的旅途即将开始。这次，吴杰将要体验什么军事课目？答案就在总台央视国防军事频道每周六播出的《军武零距离》节目中，也在各大网络平台爆火的军事类新媒体账号"军迷天花板"里。全网视频播放量超1.7亿次，获赞超400万次……他是怎么做到的？

坐在《中国电视报》的会议室里，吴杰接受了专访。这位面对武器装备和军事课目毫不怯懦、从不畏惧的一线记者说："从来都是我采访别人，现在换别人采访我了，有点不适应。"

不适应？没关系。万事开头难。"人菜瘾大"的"军迷天花板"每次体验军事课目，不也都是从不适应到适应的吗？那就跟我们讲讲这里头的故事吧。

谈"军事节目记者"身份 | 回归初心是一种幸运

你是什么时候成为军事节目记者的？这是你最初的职业选择吗？

我是在部队大院长大的，从小的志愿是参军入伍。记忆里，很小的年纪，我就坐着船随家人去海岛上探望当兵的父亲。家里浓厚的军事氛围，让我立志成为一名光荣的人民解放军。读高中时赶上空军招飞行员，当时我很想报名，但因为身体条件不达标只好作罢。后来，我在大学学的是文科专业，毕业后进入央视工作，一直专注于国防军工领域的采访。

2019年，总台军事节目中心成立，我又成为《军武零距离》栏目的主持人和出镜记者。这是一档近距离感受实战训练，探访国产武器装备的电视节目。于我而言，这也算是以自己的方式实现了儿时的梦想。

吴杰在武警某部体验狙击手隐蔽渗透

吴杰在陆军某旅进行拍摄

作为一线出镜记者，你觉得做军事节目和其他节目有什么不同之处？

首先，军事节目是一个比较特殊的垂类，对记者的军事素质和专业性要求比较高。其次，做军事节目记者需要有足够的热情和体力，才能常年和战士们一起到最艰苦的地方去。再者就是，我觉得在中国做军事节目记者是件尤其幸运的事情。这些年我们的国防事业发展得很快，能在最前沿亲身体会这些变化，我的自豪感、成就感、幸福感都非常强烈。

谈"军迷天花板"身份 | 感谢网友的"羡慕嫉妒恨"

网友对你最熟悉的名字就是"军迷天花板",这个称呼是怎么来的?还有很多观众调侃你"人菜瘾大",能不能讲讲背后的故事?

"军迷天花板"最早是网友们给我起的外号。当时《军武零距离》在军迷之中已经有了一定的影响力,有些网友会自发地把电视节目视频发到网上。视频弹幕里就会有人说:"能近距离接触人民军队和武器装备,实现了多少军迷的梦想!这简直是军迷天花板啊!"后来这个称呼就叫开了。

2021年初,总台军事节目中心决定开启"军迷天花板"这个新媒体品牌,并陆续在微博、抖音、B站、快手等平台开设了新媒体账号。我也没想到,自己就这么"火"了。现在知道"军迷天花板"的人,比知道我的名字"吴杰"的人要多得多,这都要感谢中心领导的支持和军迷网友们的关注。

很多人小时候都有参军报国的梦想,所谓的"军迷天花板",其实就是帮大家圆梦的那个人。至于网友们说我"人菜瘾大",其实也是很真实的评价。我看见装备和军事课目就很激动,什么都想试一下,但实际完成度又差很多。我们普通人在身体素质和军事素质方面,终究还是与受过专业训练的军人有很大差距。正是这种对比,才会让大家真切地感受到,军人的辛苦训练和默默付出,每一分都是有意义的。

网友们都说,"军迷天花板"勇于尝试,"豁得出去"。

这是我们工作的一部分。一直以来,"军迷天花板"都是豁得出去的。其实这些体验课目都是在部队专业指导下完成的,安全性都是有保障的。我需要克服的主要是自己的恐惧心理。

比如,要让99A主战坦克从身体上方驶过。拍摄之前,我就了解过这个训练课目,主要目的就是"练胆"。

当我提出要体验一下的时候,对方的第一反应是:不用这么拼吧?但在我的强烈要求下,坦克还是开过来了。第一次我没什么经验,采取了趴在地上的姿势。后来我发现,不亲眼看着坦克驶过,就没有那种冲击感。

为了给大家还原第一视角下巨大的心理震撼感,我躺在地上举着摄像机进行了第二次体验。随着钢铁铸造的庞然大物一点一点地逼近,眼前的天慢慢黑了下来,我紧张得不敢有任何动作,那种强烈的压迫感让我几乎窒息。但为了保证拍摄效果,我还是坚持睁着眼睛见证了整个过程,虽然被黑暗笼罩只有短短几秒钟,但近乎极

吴杰在陆军某训练基地向战士学习使用新型突击步枪

吴杰跟随陆军某旅战士进行30公里拉练

限的心理压力是非常令人难忘的。

还有一次,我挑战从十几米高的直升机上索降,那真是硬着头皮完成的。当时,指挥部临时更改了训练方案,直升机不直接降落在地面,而是改为战士们从高空中索降。

连长问我:"你能降吗?不能降的话,可以坐直升机回去。"我以前只在攀登楼上练过索降,在飞行中的直升机上索降的经验为零。我犹豫了一下,回答说:"我能!"当时的想法非常简单,只是想着如果直接跟直升机回去,就相当于白来了一趟,一个镜头都拍不成,太遗憾了。

索降,是所有人排成队,用同一根绳索依次凌空下降。为安全起见,连长把我排在第二名的位置。当时我就想,要是排最后一名还有退路,大不了临时放弃,现在排在第二名,我要是不下去的话,后面的人都下不去,所以无论如何也要硬着头皮上!最后,在战士们的鼓励下,我顶着直升机螺旋桨扬起的狂风迈出了第一步。虽然索降的动作没有战士们那么娴熟,但还是安全地到达了地面。

谈"制片人"身份 | 合作默契依靠团队的凝聚力

你不仅是《军武零距离》的出镜记者,也是这个栏目的制片人。在工作过程中,你是如何把握和平衡这两种身份的呢?

《军武零距离》栏目的形式比较特殊,以体验为主,出镜记者就是这个栏目的核心要素,所有工种都是围绕这个核心要素来展开工作。

出镜记者要将精力放在内容生产上,而制片人要把控整个节目的生产流程,这两个身份都集中在我身上,整个节目创作会以一种交织迭代的状态来完成,更有利于突出节目的体验感和真实感。

可以说,我既是这个团队的带头人,又是冲在最前面的记者,这两个身份是相辅相成的。

我们的团队人数不多,工作氛围也比较轻松。因为长期合作的默契,大家平时都是说话少干活多的状态,不需要什么豪言壮语,一切尽在不言中。

我对内容比较挑剔,总是希望"拍到极致"。再加上我本人是重度军迷,所以在体验课目时对自己也比较狠,执着得近乎偏执。这可能会给大家带来一些压力,大家也会担心我的身体状况。同事们常常会问我:"杰哥,你真的要试这个吗?"但是只要我简单地回答一个"嗯",大家就会默默开始进行准备工作,心照不宣地以行动支持我。这种默契让我觉得很温暖,也很有团队凝聚力。

吴杰在陆军某旅体验绳索崖壁攀登

吴杰随武警某部战士训练时,和战士们一起就餐

谈"总台人"身份 | 提醒我时刻不忘肩上的责任

吴杰在军工厂靶场拍摄狙击步枪实弹射击

每次在部队一线采访,你都会自我介绍说,"我是总台记者吴杰"。"总台人"这个身份,对你来说有什么特殊意义吗?

对我来说,"总台人"首先意味着一种标准。只要我拿着带总台标志的话筒、穿着印有国防军事频道 logo 的衣服去采访,我做出的节目就必须是专业的,要经得起专业人士的推敲和观众的检验。

此外,这三个字对我来说,还意味着一种责任。作为一名来自总台的军事节目记者,我要用镜头来展现中国军队和中国军人的真实状态,展现他们为如期实现建军一百年奋斗目标所付出的努力和昂扬的精神风貌。

作为军事节目记者,我们生逢其时,这个时代的光荣与责任同时落在了我们的肩上,沉甸甸的,又能给予我们信心和勇气。

吴杰在陆军某训练基地拍摄炮兵实弹射击

军事节目记者、"军迷天花板"、制片人、总台人……这么多身份,对你来说,最本色的是哪个?

这么多年来,我的内心一直觉得自己最本色的身份还是记者。我获得过总台青年英才、十佳记者的荣誉,这是对我记者工作的肯定。很感谢总台这个平台,让我作为记者能近距离参与国防军队建设的一线报道,在我国的国防事业不断发展的时代里,能够做这样一份工作,是莫大的幸运。总台台长慎海雄说过,要争做"自燃型"人才。这种"自燃",不仅仅是燃烧自己、照亮别人,更是要在投入工作时带着极大的原动力和很高的工作标准。

我很希望能带领我的团队,在军事节目领域不时"自燃"一下。在高燃的部队演训现场,我们的情绪先要"燃"起来,再带着燃烧的激情把自己往极限推一推,把节目往更高层次推一推。唯有怀抱这样的工作态度,才能用我们的节目去感染观众、"点燃"观众。

吴杰在2022年中国航展现场进行直播连线报道

吴杰体验武警某部战士的军犬训练

闲聊两句

家里人对你的工作支持吗？会不会担心你的安全？

我的家人对部队训练的安全保障还是很有信心的，只是担心我的体力跟不上。有时候他们看到节目中我被"虐"得很惨，会有担忧。我就报喜不报忧，骗他们说那只是节目效果。

你平时运动健身吗？主要做哪些训练？

没有出差任务的话，我会保持每周三次的健身频率，主要都是力量训练，这是为了能在体验军事课目时有足够的体力。同时，健身也是一个很容易和战士们交流的话题，方便沟通和拉近距离。

繁忙的工作之余，你有什么爱好吗？

我比较喜欢看书，大多是军事类的书，装满了家里的一个大柜子。我是个文科生，这些理工科的书读起来比较吃力，但我还是努力看，因为我比较感兴趣，这也符合"军迷天花板"在网友心目中"人菜瘾大"的人设吧。

记者：蔡楠

与总台大剧
一道勇攀高峰

中央广播电视总台影视剧纪录片中心电视剧项目部
电视剧《人世间》主责编

刘馨

中央广播电视总台影视剧纪录片中心电视剧项目部责任编辑，从事电视剧项目策划、题材储备、选片采购和审查播出等工作。荣获总台第二届十佳编辑称号，在庆祝中国共产党成立100周年，以及庆祝新中国成立70周年等重大宣传活动中做出突出贡献，被评为总台宣传报道嘉奖个人。曾担任《人世间》《风起陇西》《繁花》《南来北往》等剧的责编。

> **"越来越多的观众开始信赖总台的眼光和品质,认为'央视懂我'"**

她围绕重大主题主线宣传,精耕细作"总台出品",先后担任《中流击水》《金色索玛花》等多部总台原创自制剧的责编;同时抢抓市场大剧,铸牢"大剧看总台"品牌形象,先后担任《大道薪火》《破晓东方》《爱拼会赢》等重大主旋律作品,以及《人世间》《珠江人家》《风起陇西》《繁花》《南来北往》等头部精品的责编。其中,《人世间》播出后,收看人次超4亿,创下央视一套黄金档电视剧近5年新高,包揽各项大奖。

第28届上海电视节颁奖典礼上,由中央广播电视总台联合出品的现实题材大剧《人世间》凭借10项提名、5项大奖成为当届上海电视节"白玉兰奖"的最大赢家。来自总台影视剧纪录片中心的刘馨正是这部大剧的第一责任编辑,从项目最初筹划,到剧本改编、拍摄制作、审查备播,她全程参与。

在审查备播阶段,她和责编团队驻扎在机房整整两个月时间,对全剧进行了二度创作。每天从早到晚,她和导演团队密切沟通,有时会为一句台词的去留激烈争执,有时也会为一个灵光乍现的金点子欢呼雀跃,就这么一步步、一集集打磨,直到全部完成制作,顺利播出。"优秀的导演往往都无比珍惜自己的作品,所以每一处修改总免不了你来我往,甚至针锋相对,但又彼此尊重。有回遇到一个很棘手的敏感情节要处理,大家反复尝试都效果不佳。最终我提出从修改画外旁白入手,并且自己写词配音、录了段小样发给《人世间》导演李路,他看后特别开心,连声赞叹'不容易'。"

"人"字由两笔写成,一笔是责任,一笔是担当。"责任编辑"直接将"责任"写进了岗位名中。那么,这个岗位到底要做什么?其实,责编就是总台大剧的第一责任人。从剧本阶段,责编就要开始跟踪剧本的走向,提出建议,到最后的备播阶段,更是要兼顾内容审查、制作修改、宣传推广、舆情反馈、应急处理等诸多方面,必须全

刘馨赴横店影视城探班《大决战》《中流击水》两个剧组，与高希希导演在监视器前

程在线，不能有任何疏忽。有人把责编说成是一部剧的"保姆"，《亲爱的小孩》的导演胡坤亲切地称呼刘馨为"小孩的姑姑"；也有人把责编比喻为"农夫"，他们不辞辛苦、精耕细作，直到获得丰沛的收成。刘馨说："责编'责'字当头，不能有丝毫疏忽。在备播期间神经高度紧绷，有时夜里睡觉还在思考琢磨，似乎可以听到大脑皮层'嚓嚓'运转的声音。"

选剧需要慧眼识珠的鉴别力，审查需要明察秋毫的判断力，备播需要锦上添花的创造力，只有同时具备了这几种能力，才有可能成为一名合格的总台大剧责编。刘馨担任责编的电视剧先后获得了"亚广联奖"、精神文明建设"五个一工程"奖、中国电视"金鹰奖"、中国电视剧"飞天奖"、上海电视节"白玉兰奖"等多个国内外电视剧类大奖。与此同时，她也亲眼见证了总台电视剧按照慎海雄台长提出的"抢抓好剧、锻造精品、重塑高地"工作目标一路"狂飙"，实现精品喷涌、精彩纷呈的改革成果。刘馨说："可以很明显地看到，经过近几年的不断创新，总台电视剧已经王者归来，重塑行业高地。越来越多的观众开始信赖总台的眼光和品质，认为'央视懂我'。作为这项事业中的一分子，我有幸亲历其中，见证发展，伴随着总台的脚步一路勇攀高峰，更觉眼界辽阔、大有可为。"

谈《人世间》｜"坚持以人民为中心"是打造爆款的密码

《人世间》改编自梁晓声获得茅盾文学奖的同名小说，但在立项之初，很多影视制作公司并不看好，为什么总台看中了它？

《人世间》的主人公群体是一个工人家庭的三代人，没有多少商业元素，加上严肃文学改编难度大，所以一开始很多影视公司都不看好，但我们总台始终抱着坚定的信心。因为它讲述的是五十年来中国百姓的生活史，告诉人们以前的中国是什么样子，一代代中国人是怎样生活的，我们如何走到今天。这部作品契合习近平文化思想所提倡的坚持以人民为中心的创作导向，镌刻着中华优秀传统文化的基因，这正是我们总台所需要的新时代的标杆之作。

为了确保《人世间》的顺利播出，做了哪些工作？

我们其实从项目源头就参与决策，比如建议主创人选，协助搭建起由李路执导，王海鸰改编，陈道明旁白，雷佳音、辛柏青、宋佳、殷桃领衔主演的优秀创作班底。随后在剧本改编、拍摄制作、审查备播各个环节，我们也都深度参与把关，保障作品的价值导向和艺术成色。尤其是最后的备播阶段，责编团队根据从各方面汇总来的上百条意见，对全剧内容进行了三轮细致修改：小到一个镜头的增减、一件道具的考证、一句台词的调整，大到一场戏的去留、人物命运的改写、叙事结构的调整，甚至篇幅集数的竭力保留，无一不是经过上下沟通、反复商榷，最终形成令人满意的方案。

听说《人世间》最后一集备播结束后，机房里一片哽咽啜泣，这是为什么？

备播《人世间》是一次非常难忘的经历，我们真是从第一集哭到了最后一集，边哭边改。我自己到现在一听到主题曲的旋律，还是会热泪盈眶。关于《人世间》的结尾，其实还有一个小故事。在最初版本的大结局中，癌症晚期的周秉义最终死在了妻子怀里，弥留之际口述了一封遗书。对于保留还是改写这一结局，各方持不同意见，我们面临着艰难的抉择。有一回在机房里，我无意间听到门外两个技术人员的对话。其中一个说："你知道吗，周秉义最后死了！"另一个惊呼："真的啊！能跟责编老师说说，让周秉义别死吗？"那一瞬间我被触动了，我意识到悲剧固然有力量，但观众对于美好和圆满怀着多么深切的渴望！周秉义作为全剧灵魂人物，他的

刘馨（右一）参加中国作家协会在北京召开的《人世间》座谈会，与导演李路、原著作家梁晓声、编剧王海鸰以及制片人王彬留影

刘馨（右三）参加CMG第一届中国电视剧年度盛典，与剧组代表共庆《人世间》获得"年度大剧"荣誉

结局处理非常关键，既不能简单地扭转复活，也不能过于白描写实，最理想的是虚实结合和戏剧留白。

我把这个想法跟导演进行了诚恳的交流，最终我们对周秉义的结局进行了调整，将他濒死时形销骨立的面部特写换成了夫妻俩相互依偎的中远景；把提到墓碑、骨灰的遗书改成了寄语弟弟妹妹的家书。这样含蓄委婉的处理被大多数观众接纳。

谈业务 | 需要练就一双"慧眼"加"火眼"

"终于知道为什么电视剧很难到央视播出了!"最近,这一话题在社交平台上引发共鸣。原来,网友发现央视版电视剧《莲花楼》的台词改掉了网版中多处错别字,不由感慨"改作业也不过如此了"。改错误台词也是责编的工作吗?

是的。修改错别字和错误发音是我们工作的最基本要求,如果连字都错了,还谈什么艺术水准。我们许多责编的手机里都安装了《现代汉语词典》(第七版),方便随时查看;平时也经常开展易错字词的专项学习,就像中小学生一样。一部剧在正式播出前,责编至少要看三遍,关键地方还要逐秒逐帧地看,字幕、报纸、海报、标语、板书、地图、书法落款……凡是有图文的地方都要细致核实。

举几个具体的例子。比如在《破晓东方》中,一连数集的上海"米棉之战",粮食价牌全都把单位"石"错写成了"斤",一字之差,谬以千里;在《风起陇西》中,蜀汉大营所在地名误标为"曹魏·天水"……这些大小纰漏都被我们责编的火眼金睛一一甄别,在播出之前加以修正。现在各家平台和卫视都尽可能以央视版为播出版,可见行业内对总台专业性和权威性的认可。

你也是电视剧《大道薪火》《破晓东方》《中流击水》的责任编辑,这三部大剧都属于重大革命历史题材。它们有哪些不一样的挑战?

重大革命历史题材剧最重要的是处理好艺术想象力和题材限定性的关系。在创作或者跟踪阶段,责编首先就要吃透这段历史,了解它的基本历史脉络和特征。在此基础上,要帮助创作者有意识地去创新——创新视角、创新叙事结构、创新人物表达、创新细节塑造。

核准人名条的标注,是制作每部重大题材电视剧的"必修课"。每个真实历史人物在每一集登场时,我们都要标注上姓名和职务,帮助观众理解。由于剧中历史人物众多,而且身份职务变化频繁,在同一集中可能都会数易其职,每一次剪辑修改,都会影响到人名条的内容,需要重新查证。所以备播日子里机房几乎成了图书馆,堆满了各种年谱、人名词典、重大事件词典。我们还把专家请进机房,反复核查梳理多遍后,才能做到安全播出。不久前播出的纪念毛泽东同志诞辰130周年的献礼剧《大道薪火》,播出前也经历了一场"人名条大会战",每集都有一张大单子。

刘馨（左二）与《人世间》责编团队王宁、白娟在机房备播奋战

刘馨（左一）与中央党史和文献研究院专家及编剧连夜核对《大道薪火》人名条

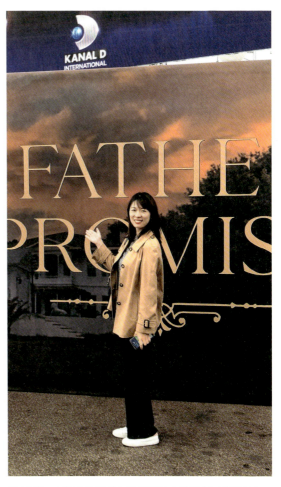

2023年，刘馨赴法国参加秋季戛纳电视节（MIPCOM）

除了锻炼眼力、提高知识储备之外，这份职业有没有什么专属的乐趣？

曾经有朋友问我，你的工作是做什么的？我就半开玩笑地说，看电视剧的。他们的反应都是三个字：太爽了！当然他们想象中的"爽"和我们体会到的"爽"有很大不同。这份职业的乐趣在于，责编可以乘着电视剧的时光机穿梭于不同的时代，体验不同的故事人生，这极大地丰富了我的生命体验。同时在跟踪优质作品的过程中，会结识一批杰出的资深影视人，和他们一起交流切磋，让我受益无穷。当然更重要的是自己参与的作品播出后，听到人们自发地议论它，看到弹幕上的满屏共鸣，刷到短视频的二度创作，这时候会产生巨大的自豪感和幸福感。

谈总台大剧 | 守正创新，满屏皆精品

电视剧《大决战》云集了唐国强、刘劲、王伍福、郭连文、王健"五大书记"特型演员，他们所扮演的领袖人物形象已深入人心

众所周知，总台有央视一套、八套两个电视剧首播平台，各自具有鲜明的气质。选片时两个平台是否有各自的标准，都是什么呢？

央视"一黄"（央视一套晚间黄金时段）紧扣党和国家宣传主题主线，主打"国剧气质、精品大戏"，比如像《跨过鸭绿江》《大决战》《山河锦绣》《人世间》《装台》等，突出"为国家述史、为时代立传、为人民抒怀"的创作导向。八套更像一个缤纷花园，各类题材百花齐放，我们专注于打造"年轻态""精品化"的频道定位，选择最能反映现实生活、回应社会关切、引领价值风尚或者内容独树一帜的品质剧集。近年来，我们播出的许多大剧都有着各自的创新点，比如《风起陇西》开拓了历史题材电视剧的类型化和风格化的表达方式，形成令人耳目一新的现代东方影像美学；还有《繁花》，它在叙事方式、制作理念、视听语言等方面都独树一帜，具有很高的艺术价值。

刘馨参加电视剧《珠江人家》专家研讨会，该剧荣获第二届CMG中国电视剧年度盛典优秀电视剧奖

总台联合出品的金融题材电视剧《城中之城》在上海正式开机

近几年，总台在电视剧领域精品喷涌、精彩纷呈，陆续推出了《跨过鸭绿江》《大决战》《人世间》《觉醒年代》《狂飙》《繁花》等爆款。那么，如何进行挑选，才能做到精品不断呢？

中国电视剧生产量非常大，每年200部上下，六七千集。我们要从海量作品中优中选优，挑选出大约50部新剧在总台播出。除了满足艺术水准和群众满意度"两个有所提高"以外，我们还要把握四个度。第一是情感表达的温度，只有打进老百姓的心坎里，才有让大家追下去看的欲望。第二是题材开掘的深度，像《父辈的荣耀》以一个林场工人家庭为圆心，辐射到左邻右舍的工友，全方位反映了林业改革、治理、建设的历程，对题材进行了纵深式的开掘。第三是对社会关切的锐度，比如《亲爱的小孩》呈现了当代家庭生活的痛点，像"显微镜"一样高度贴近现实，随后又用温情带领观众寻找对症之药。第四是类型的广度，总台的剧包罗万象，几乎囊括了所有的题材类型，而且还在单一类型基础上不断创新。

在电视剧市场，总台已经连续五年实现全年收视份额第一，2023年度全国上星频道收视率排名前二十的剧，基本上都被总台包揽，这是非常值得骄傲的成绩。2022年，精神文明建设"五个一工程"奖、中国电视剧"飞天奖"、中国电视"金鹰奖"等重要奖项公布，总台首播剧基本拿到了大满贯，这也进一步坚定了我们选剧的信心。

在"大剧看总台"的金字招牌越擦越亮的同时,我们在经济效益方面是否也取得了同样亮眼的成绩?

2021年《大决战》创造"总台出品"原创自制版权营销的最高纪录。2022年《人世间》播出,我们尝试了单剧招商的模式,创下了"一黄"电视剧单剧经营最高纪录。此外,我们还推出了CMG中国电视剧年度盛典、"大剧看总台"片单发布活动、总台出品电视剧开机及启播仪式等融媒体活动,不断夯实行业高地、塑造品牌形象,实现总台电视剧的影响力变现。

《繁花》电视剧责编团队与原著作者金宇澄合影留念

乌孙古道上的"天堂湖",深藏在新疆天山山脉中,只有徒步者才能一睹她的美

闲聊两句

业余时间还会看电视剧吗?

我自己就是我们总台电视剧的粉丝,很多没有参与的剧,比如《警察荣誉》《雪中悍刀行》《对手》,都会利用业余时间去看。另外还会看一些口碑很好的网剧,像《漫长的季节》《沉默的真相》。

对未来的工作有什么期盼?

期盼有很多,说一个比较具体的。2023年初,很遗憾没能参加电视剧《三体》,科幻、科技题材一直是我很想做的,相信这将是影视创作的下一个重点开掘领域。艺术与科学的交集点,往往正是奇迹诞生之地,期待未来有这种跨界合作的机会。

日常还有什么兴趣爱好?

平时喜欢户外运动,来台第一年就被同事叫作"小野人"。2023年五一挑战了一次海拔5300米的哈巴雪山;暑期成功穿越了新疆史诗级徒步线路乌孙古道,全程120公里左右,纵贯天山南北,翻越两座达坂,蹚过近百次冰河。我喜欢一心一意跋涉攀登的感觉,头脑放空,身心舒展。

记者:沈玉

远航者

长风破浪会有时

中央广播电视总台文艺节目中心副召集人
总台 2023 年、2024 年春节联欢晚会总导演

于蕾

做一把朴拙坚韧的钝斧

中央广播电视总台文艺节目中心副召集人。2016 年 G20 杭州峰会文艺演出文学总撰稿，总台大型文博探索节目《国家宝藏》制片人、总导演，北京冬奥会开闭幕式文学总撰稿，总台 2023 年、2024 年春节联欢晚会总导演。全国三八红旗手称号、全国五一劳动奖章获得者，获得总台第二届十佳制片人制作人称号。

Yu Lei

" 一个IP是否值得延续下去要观众说了算 "

采访于蕾的时候，正赶上2023年总台春晚进入最后的播出倒计时。紧挨总台一号演播大厅的春晚办公室里，每个人都在有条不紊地忙碌着。下午3点，一直在现场盯排练的于蕾风风火火地走进了办公室。"还有吃的吗？""有。"团队小伙伴端出一旁的盒饭。"这个点才吃午饭，饭都凉了吧？"面对记者的疑问，于蕾平静地笑笑："没事，习惯了。"

这样一个看起来有点粗线条性格的人，却创造了极致细腻的情感表达。从2022年北京冬奥会开幕式上"二十四节气倒计时"，到闭幕式上的"折柳寄情"，作为开闭幕式的文学总撰稿，于蕾的文字向世界展示了中国式浪漫，感染了亿万观众。如今担任春晚总导演，更让她的名字冲上热搜，被各方关注。春晚是呈给全球华人的文化年夜饭，其创作压力可想而知。

"我的性格更像一把钝斧吧，不管面对什么样的困难，都会坚韧不拔往前走，不会轻易放弃或停下来。"

谈执导春晚 | 在传承与创新中，做一台"人民的春晚"

作为2023年春晚总导演，也是首次执导春晚，面对巨大的压力，你有着怎样的思考？

我记得2011年我第一次参与春晚的时候，文艺中心的老前辈们跟我说，恭喜你大年三十能有资格在台里加班熬夜，这是电视文艺人的荣耀。所以，从总台领导把春晚总导演这个工作交托给我的那一刻，我就深深地知道，它所代表的是总台文艺的光荣与梦想，是各级领导的无限信任和期许，是一份巨大的、沉甸甸的责任。

我们是一个相对年轻的主创团队。刚刚建组的时候，大家都有一种感觉，就是前辈们把春晚创作的接力棒交到我们这一代人手上，我们怎么样才能接得稳当、接得漂亮？没有压力是不可能的。具体到总导演这个位置，创作过程中的每一次决策是否正确、每一步推进是否扎实稳健，意味着巨大的责任。这份责任，往小了说，是几百号幕后人马、上千名演员半年多的努力能否收获应有的圆满；往大了说，是数以亿计的观众大年夜的期待和喜悦能否被满足。

基于这样的压力和责任，经过长时间的调研和思考，我们想清楚了将压力转化为动力的两个着力点：

其一，在传承中创新。"以创新创造论英雄"是慎海雄台长和总台各级领导一直以来对一线创作的基本要求，是我们必须要树立的志气和拥有的能力。同时，我们

于蕾在《国家宝藏》第二季策划现场

2021年12月，于蕾参加2022年北京冬奥会开幕式创作讨论会

也深刻地领会到春晚的创新，不能是无中生有、无根之水、无本之木，而是必须生长在春晚的传统之上的。只有充分学习前辈留下来的经验，尊重这个舞台40年来积攒下来的基本规律，尊重观众对春晚的热切期待，才有机会再次激活春晚的内在生命力。

2023年1月，于蕾在总台春晚彩排前的各工种说排会上

其二，写一篇"人民的春晚"的文章。春晚从诞生起，本质就是百姓的联欢，我们坚定地希望将"人民性"强化和凸显出来。这其中，包括在节目选题和情感表达上贴近百姓、贴近生活，包括像《你好，陌生人》《早安阳光》，微电影《我和我的春晚》这样，非常直接地将百姓请上春晚的舞台，讲述他们的故事，更包括春晚创作者们深藏在创作背后的姿态和价值观。大家常说众口难调，无论我们主观上多努力，客观上都很难做到让所有的观众都满意。但有一点是可以通过主观努力实现的，那就是让所有的观众感受到创作者的赤诚和用心。什么才是"文艺为人民服务"？台前幕后的工作人员、演员们，用专业素养和艺术情怀埋首俯身创作，合力去书写平凡生活的喜乐瞬间，书写长街短巷的市井烟火，书写壮美山河的新春图景，书写神州大地的热气腾腾，让每一个节目的呈现都能与亿万受众共情共鸣，这就是一篇包含了起承转合的团圆文章，是"人民的春晚"的创作底色。

2023 年春晚在节目彩排安排方面跟往年发生了很大的变化，这点是基于什么考虑的呢？

在创作本体之外，总台领导对于春晚的执行推进提出了"有章有法""行云流水"的工作要求。随着近些年电视制作和技术的发展，一台超大型晚会的创作要求和细节规律在发生着变化。我们希望基于创作推进的客观需求，用流程创新来保障创作效果的精致化实现。因此，2023 年春晚的彩排日程和工作推进规划的调整，是在 2022 年 7 月春晚建组时就确定下来的。在中宣部和总台各级领导的肯定和支持下，半年来的创作都是雷打不动地按照既定日程推进。应该说，春晚像一场复杂的大战役，创作流程规划就像打仗时大家要对表一样重要，是保障创作成败的关键。

2023 年春晚的舞美主题符号以"花"贯穿，能讲述一下创作故事吗？

最初一听说"花"，很多人都会觉得是不是因为我是一个女导演，才有一个这样温柔馥郁的选择。再次跟大家明确解释和纠正这一误解——"花"，绝不是一个女性化思维逻辑的产物，而是经历了非常深入的思考后的选择。

首先，用"花"来装点新春，其实是南北通用的春节年俗。只要稍微留意就会发现，虽没被作为主题符号，但历年春晚的视觉元素里都少不了"花"的意象。于是我们就在想，中国人为什么那么爱花？从古至今，从诗词到绘画，从服饰到建筑，从自然到人文，从生活到艺术，从个人的传情达意到家国的祈愿祝福……花无处不在。它代表着欣欣向荣的美好期许，代表着努力耕耘、迎来收获之前，绽放希望的最美好的样子。当我们看到这些会愈发好奇：这一切都是偶然的吗？

"满庭芳"的舞美设计创意取材自距今 6000 年至 4800 年前的庙底沟彩陶。早在"花"字出现之前，中国人就已然用"华"来为自己的民族命名——"华（華）"为"花"的古字，字形仿似一枝盛开的鲜花。以"华"的明媚茂盛、灼灼光彩来表达中华民族对自我的认知、对生活的热爱、对美好的追求，蕴含着"华"与"花"之间独特的文明密码和深厚的审美认同。我们不由赞叹：我们的祖先是多么睿智而浪漫啊！大家都知道"此生无悔入华夏，来世还生种花家"这句话。我们也在主持人串词中打趣了"种花"就是"中华"。它的妙处在于，这并不是一个简单的谐音，而是"花""华"同源的时代表达。

谈北京冬奥会开闭幕式 | 荣幸成为时代瞬间的创作者和参与者

2022年北京冬奥会开幕式你觉得最成功的地方是什么？

时势造英雄。北京冬奥会开幕式的成功也是一样，它成功最重要的根基，是用艺术的手段准确而充满创造性地呈现了我国在这个时代里的大国气象和姿态。张艺谋导演曾经感慨，2008年北京奥运会开幕式讲的是"我"，当时的我们第一次与百年奥运结缘，非常努力地想要告诉世界中国是什么样的。而2022年我国发展到了一个全新的阶段，于是这一次是在讲"我们"，"我们"和世界各国在一起，"我们"用国际化的语汇讲述中国人对不同文明美美与共的理解，讲述"世界大同，天下一家"的愿景。表演呈现和技术手段都是非常现代而国际化的，但思想原点又是非常中国的价值观表达。于是，在开幕式惊艳呈现的背后，透露出的是一个大国和她所拥有的文化上的自尊自信、从容优雅。我觉得，这一点是最成功的，意义也最为深远。

2021年12月，于蕾与张艺谋导演讨论2022年北京冬奥会开幕式倒计时短片文案

你跟张艺谋导演已经多番合作，这次是什么样的感觉？

2015年，我作为最早参与策划的主创成员，跟着张艺谋导演一起做2016年G20杭州峰会文艺演出，前后一年多的创作经历与张导结下了专业上的默契和信任。2018年平昌冬奥会"北京8分钟"的表演，我再次担任总撰稿。那个时候就隐隐地预感到，我们有机会作为创作者，见证4年后的历史时刻。

张导身上有非常多值得学习的东西。感受最深的是他对创作的极致追求，他从不愿重复自己，每次新的创作开始的时候，都要求我们抛弃掉所有之前用过的招儿，不要留恋过往的成功，一定要有新的点子。因为严于律己，同时又不停地学习、不停地创作，他的身上焕发着一种活力，不像一个70多岁的人。看到张导的努力，我就会告诫自己，我们这个年纪有什么理由不奋斗呢？

谈《国家宝藏》| 最初没有人看好，但我比较坚持

《国家宝藏》已经成为总台的品牌栏目，作为制片人和导演，能讲一讲这档栏目的诞生过程吗？

这个故事确实讲过很多次。2015年夏天，台里搞了节目创新人才海外培训，在全台征集创新节目的想法，《国家宝藏》最早的纸质方案借由这个契机诞生。那两年多，我们都在努力寻找怎么做才能够配得上"国家宝藏"这四个字的创作方式。2016年，我在工作之余找各种专家聊、去博物馆搞调研，折腾了一年，似乎想明白了一点，到2017年才真正开始动手制作。

那时确实非常忐忑，因为历史文博是一个全新的领域，没有任何节目可供借鉴和参考，不知道所有的努力最后是一个怎样的结果。而且，当时还没有人用这个题材做过综艺，前期调研的时候很多同行都不看好用这样深奥的题材做综艺，觉得很难做得有趣、吸引观众。我是钝斧型人格嘛，认准了的事情比较坚持。创新很多时候就是一个凭着直觉和信念披荆斩棘的过程。也正是因为这样，《国家宝藏》才被观众称为"横空出世"，成为一个从题材领域到前世今生的讲故事方式、从舞美视觉到文艺手段……一切都是全新原创的爆款节目。我们很高兴看到了这个节目给文博领域注入的活力，博物馆及其文物真的因为我们的创作在观众心中"活起来"了，初心得偿，这是创作者最大的幸福。

2018年，于蕾在《国家宝藏》第二季发布会现场

第一季就达到了这样的高度，后面每一季的制作想必压力更大了吧？

整个团队都很珍惜《国家宝藏》靠品质积攒下来的口碑，所以每一季都会力求创新，保证质量。目前，每一季的豆瓣评分都在9分以上，也算是数一数二的"综N代"高分综艺了吧。《国家宝藏》有一群忠实的铁粉，这些观众不是因为我们请了哪些演员嘉宾而追随这个节目，他们期待的就是我们选了哪些文物、将要讲什么故事、创造什么样的表达。对此我们非常珍惜，观众的爱戴是不能辜负的。

谈《一馔千年》| 希望在新的赛道上能有所建树

最近由你作为制片人的《一馔千年》又产生了新的热度，这档节目有着什么样的制作背景？

2022年初的时候，文艺节目中心规划新一年的创新项目，中心领导希望我们团队能有创新内容。本着培养队伍的初心，我也很希望团队里年轻的创作力量能够有机会向前冲，为总台文艺开辟新的沃土。选择什么样的新领域，还是充分考虑了团队的经验、长项和大家的兴奋点所在的。

子曰："夫礼之初，始诸饮食。"中华美食，何以哲学？所有的礼都是从吃开始的，这样惊世骇俗的论断如何定下？那些只听过、没尝过、让人浮想联翩的人间至味，那些活色生香、垂涎千载的传奇佳话……如果让它们在一张菜谱上都"活起来"，究竟是什么味道？就是基于这样的好奇和疑问，我们创造了《一馔千年》。

于蕾作为优秀毕业生代表参加中国传媒大学新闻学院2021届毕业典礼并发言

《一馔千年》一经推出就引发热议，节目有哪些创新点？

节目播出后，相关话题 #来一馔千年寻味清明上河图# #古人夏天用的冰块是哪来的# #同福客栈里的饭菜是什么味道# #明代的居家必备小零食能有多丰富# 等登上热搜。

在《一馔千年》的制作过程中，我们创新节目模式，努力架构了"戏剧＋历史＋美食"新体裁。同时以信史为基石，与国家图书馆开展深度合作，也综合运用各项技术手段，呈现沉浸式视觉体验。

我想，一个IP是否值得延续下去要观众说了算。只要大家喜欢，我们就坚持做下去。

闲聊两句

作为"工作狂",工作之余你一般喜欢做什么?

这半年好像只有"工作",没有"之余"。开个玩笑,不过我挺热爱工作的。工作之余,最想的事情就是"躺平",喝喝茶、晒晒太阳、放空自己。文武之道,需要一张一弛。

如果让你选一个词来概括你入台后的职业生涯,会是什么?

成长!我2002年本科毕业就来台里了,我人生到现在为止,一半的时光都是在台里度过的。所以我的成长、人生经验、职业履历都是在这个平台上一点一点收获的,我非常感激总台的给予。

作为资深总台人,你有什么感悟对大家分享?

入台的前10年,栏目组里什么工种我都干过,制片、道具、后期,然后到撰稿、主编,积淀到第10个年头才开始有一点点质变。每天做好眼前的事,只要认真做了,成长都是自己的,也一定会有所收获。

记者:马媛媛 中国电视报

中央广播电视总台华语环球节目中心新闻部播音组副组长
《中国新闻》《中国舆论场》《中国考古大会》主持人

王端端

中央广播电视总台中文国际频道《中国新闻》《今日关注》《中国舆论场》《中国考古大会》等节目主持人，华语环球节目中心新闻部播音组副组长。在2020年和2022年分别获得总台首届、第二届十佳电视播音员主持人称号，并于2022年度获得全国广播电视新闻"百佳"优秀新闻播音员主持人称号。2022年，担任北京冬奥会和冬残奥会多语种播报团队的联络人和冬残奥会闭幕式中文播报员。她和团队的表现得到了社会各界的一致好评，并获得总台立功嘉奖。

Wang Duanduan

北京冬奥会播报
"梦之队"的千锤百炼

"功夫一定要在镜头外做好"

作为中国播音主持界最高规格的权威赛事,《中央广播电视总台2023主持人大赛》吸引了众多不同年龄、性别、职业、身份的年轻人踊跃报名参赛。随着一场场比赛的激烈"厮杀",一拨拨通过主持人大赛被观众们熟悉的总台主持人,也随之陷入了"回忆杀"。撒贝宁、陈伟鸿、谢颖颖、王筱磊……还有王端端。

"当年我们乘坐大巴到台里参加比赛,每每进台的时候我都会仰望复兴路办公区的高楼,都会想同一句话,要是能进央视工作多好啊,要是央视的荧屏上有我的身影多好啊。"24年前参加主持人大赛的情景历历在目,如今受邀成为大赛评委的王端端,现在经过总台复兴路办公区的时候,心潮依旧起伏:"那会儿我大学毕业才一年,怀揣着年轻的梦想,凭着一股子勇气一路走到了那届主持人大赛最后的舞台,获得了优秀奖。"

总台2023主持人大赛的新媒体衍生节目还给评委们准备了一份特殊的礼物——他们当年参加大赛的照片。那个时候的王端端就留着和现在差不多的干练短发,整个人朝气蓬勃,略显青涩,却落落大方。作为2023届主持人大赛的点评嘉宾之一,她将自己主持文化类节目的心得跟参赛选手做了分享,还说了很多录制中有趣的事。"发言得靠'抢'!"坐在记者对面的王端端哈哈大笑起来,"跟我同届参赛的撒贝宁是本次大赛的点评嘉宾,他是我们那届的冠军,只要有他在,我们都抢不到话。他那个时候就是'显眼包',现在还是'显眼包'。"

大赛每天的录制都会持续到第二天凌晨,王端端不觉辛苦,反倒格外神采奕奕。看着台上那些参赛选手,回想起当年比赛的情景和一路以来在新闻岗位上的坚守,她感慨万千:"当年我们通过主持人大赛,站到了所有同行渴望的舞台上,堪称千军万马过独木桥,时至今日我都无比自豪。我在播音主持岗位工作了20多年,20年如一日,一直保持着对这份工作始终如一的热爱。"

谈担任北京冬残奥会闭幕式播报员
一句"请坐"我练了上百遍

2022年,你被委以重任,担任北京冬奥会和冬残奥会多语种播报团队的联络人和冬残奥会闭幕式现场中文播报员。作为播报员,你表现完美,能否讲讲都做了哪些准备工作?

慎海雄台长在出征仪式上提出了北京冬奥会的总体报道要求,必须确保精益求精、一丝不苟、追求完美,这就是我们团队努力的方向。在准备的过程中我们不断探讨,康辉提出了一个方向:要做到仪式感与服务有机结合,气度与情感有机结合,大手笔与精微处有机结合。而播音主持要想关键时刻出彩,确保万无一失,必须背后下苦功夫、笨功夫,要精心打磨每一个字、每一个词。比如,开场第一句的"女士们、先生们",外语播音员练习了上百遍,一开口就要朝气蓬勃、震惊四座。我们几位中文女播音员也反复琢磨,如何既体现出东道主的热情,还要兼具东方女性的温婉?大家不停地找区别、找共鸣,找到最合适的表达方式。尽管我的话不多,但是像"请坐"这两个字我就练习了上百遍,我觉得把"坐"这个字的尾音拉得略长一点,除了大气、磅礴、热情的共性要求之外,还会让人感觉出中国女性特有的温婉、细腻。

王端端在《中国舆论场》节目中探访"运-20"

在北京冬奥会的开幕式上,你当时是作为备用播报员全程在场的,心里有没有觉得遗憾?

为完成好开、闭幕式的现场播报任务,总台选派了10位播音员。我们都是彼此的备份,开幕式和闭幕式的播音员互相备份。一旦有人出现状况,极端点说,像突然生病了、嗓子卡住了,备份的人就得立马顶上。因为我还是团队的联络人,所以4场开、闭幕式,我都在场,随时让我顶上哪个(中文播报)都没问题。

冬奥会开幕式那天,康辉要报道一个时政新闻,我就代替他去给宝晓峰备份。我们都特别看重这次现场播报,这是第一次在咱们家门口举办冬奥会,带给我们莫大的荣耀和骄傲。尽管我们播音员是不出镜的,就在一个小小的配音间里,但当声音飘荡在鸟巢上空时,你会觉得这项工作特别神圣。

王端端为北京大兴机场拍摄公益宣传片

王端端参与2022年北京冬残奥会闭幕式现场播报

王端端在做《中国新闻》直播前准备

观众把总台的播报组称为"梦之队",你怎么看待这个评价?

最初配音间还没建起来,第一场彩排时我们播报组就坐在看台上。冬天的北风吹得呼呼的,但没有一个人抱怨。后来配音间搭建起来了,很小,顶多2平方米,里面要坐3个人,全程待在里面,时间长了就会感到缺氧。遇到仪式中间有节目的时候,我们备份的人就赶紧开门,扇点风进去,让播报员们有更好的状态。面对其他单位的工作人员时,包括与总导演张艺谋的接触中,只要一说"我是总台的",都会得到一句"怪不得业务这么过硬"的评价。总台给我们打上业务过硬的标签,我们就让它永远闪亮。当热情的网友和观众把我们称为"梦之队"时,我们感到无比自豪。站在总台的肩膀上,这就是我们团队成功的专业保证,我们的每一分努力也是为了让总台的金字招牌更加耀眼!

谈担任《中国新闻》主播 | 基本功是你手中的"枪"

你从 2003 年就开始担任《中国新闻》的主播，至今已经 21 年，其间会觉得枯燥吗，你是如何做到始终对主播台保持一腔热情的？

我曾经和前辈徐俐老师探讨过这个问题，她告诉我，能在主播台上坐一辈子，坚持下来真挺不容易的。这份工作看似常规，每天的流程都在重复，但直播永远有突发性的事件发生，当真正钻研其中，你会发现每一天都是具有挑战的，没有一天敢说自己的表现是完美的。不能单纯把自己当成一个"传声筒"，当你全身心地投入，就会发现其中的乐趣所在。如果你真心热爱这份事业，它带给你的惊喜和新鲜感是不断的，值得终身去学习探索。

王端端担任《中国新闻》主播

在直播过程中你都遇到过哪些难稿或者急稿？一般是怎么处理这些紧急状况的？

紧急状况时有发生。但正因为有了日复一日的准备、磨炼与积累，能让我在每有突发事件时做到从容应对。我记得有一次马上就要放片头了，耳机里突然听到导播说，一篇时政稿有一段内容有了更新。这时已经来不及熟悉稿件内容了。因为这篇口播稿件长达 11 分钟，我当时心里咯噔了一下，但迅速调整了过来。在播放"新闻提要"的画面时，我赶紧拿眼扫了一下更新的段落。当没有时间完全通读一遍的时候，脑袋走在嘴前面，就顺利过关了。我想，这与平时的日积月累和坚持基本功的练习有很大的关系。

我们总是说，功夫一定要在镜头外做好。当你要给观众一瓶水的时候，你得先准备一桶，这样才能应对各种突发事件。我之前看过一个故事，一个小男孩当众背诵觉得紧张，总会卡壳，专家出了一个主意，在家背诵 21 遍，之后就会发现背诵的内容变成你自己的。我们日常播新闻是有提词器的，但当我开口直播的时候，也至少要反复熟读稿件几遍，直到可以复述出其中的内容才放心。

王端端在进行2023年两会特别报道

王端端在"运-10"飞机上拍摄《中国舆论场》短视频

听说你被领导和同事们称为"一有大事特别信得过的主持人"。你觉得作为播音员主持人,最应该具备的素质是什么?如何做到在重要政治活动特别报道中不出错?

首先要有过硬的业务素质,基本功是战斗时握在手中的"枪",必须时时刻刻擦亮,不能有一天是钝的。如果抱着侥幸心理,遇到平时含糊的地方,比如哪个音没校准,一带而过,那么当直播遇到相关情况的时候就会出错。其次就是强大的知识储备,所谓手里有粮心里不慌,"粮"一定要有。在新闻播报中,我需要向海内外观众传递党中央和中国政府的声音,那么就要准确把握党的新闻舆论工作方针政策,把口径、尺度理解把握得非常到位。每年全国两会访谈,我都会主持外长会,只把编导给的几个问题背下来是绝对不行的,我要做大量的准备。访谈最见真章的是接话,而不仅是提问。因为提前准备过,提问通常会比较完整,但接话的时候往往会暴露短板,能直接反映出你是不是说在点儿上、有没有抓住嘉宾回答的关键等。最后,生活状态一定要永远围绕着我的工作,直播比天大,我所有的事都会给直播让路。

谈《中国考古大会》| 把文明的传承讲给大家听

2021年，总台推出考古空间探秘类文化节目《中国考古大会》，节目播出后，获得了国家广电总局创新类节目的奖项。当时是出于什么原因邀请你做主持人的？

其实我除了是《中国新闻》的主播、访谈类节目的主持人外，也主持了很多其他类型的节目。比如《记住乡愁》《谢谢了，我的家》，以及总台的"3·15晚会"、中秋晚会等重要晚会和特别节目。《中国考古大会》节目组当时是想找一个有文化感的主持人，可能觉得我的长相气质中有知性的一面，加上看过我主持过的节目，有这方面的潜质，所以就找了我。

王端端正在录制《中国考古大会》节目的《探秘周原遗址——鉴证西周的礼乐文明》一集

对于考古类节目，你之前有了解过吗？在节目录制之前做过什么样的准备？

我非常喜欢挑战，但因为考古是我不够熟悉的领域，我怕我不够专业，所以压力很大，准备的过程很漫长、很辛苦。这个节目涉及的范围广、内容深，要充分掌握考古、历史、地理、人文、艺术等各领域各学科的知识，所以需要下苦功钻研。我把《中国通史》《中国大历史》《中华文明史》以及考古的一些相关书籍都看了一遍，对我的帮助非常大。我还专门去了几个考古现场了解各个环节和细节。在2021年做《主播体验新岗位》这个节目时，我专门去了河南仰韶遗址发掘现场，亲自体验和感受过考古工作者的日常，还在一位资深考古人员的带领下，人生第一次拿起了考古工具。纸上得来终觉浅，正是有了这次体验考古工作的实战经历，让我对考古有了全新的认识，主持节目时更加得心应手。

面对这个对你来说全新的领域,你是以怎样的状态来参与的?其间心态发生过改变吗?

我一直在思索,我们做这档节目,除了要把考古遗址、文化遗存、文物知识介绍给观众外,还应该做些什么?观众一般都关注出土的琳琅满目的文物,而我们最应该把文物背后的历史、中华文明的脉络传承等深层次的东西以深入浅出、通俗易懂的方式呈现出来,所以作为主持人,如果言语之间都是考古专业词汇反倒不合适,我需要做的是把文物背后的故事、文明的传承讲给大家听,这是我最后找准的方向。

每一期的录制都让我饶有兴致,因为考古专家会带来很多新鲜的知识,绝对不会让你昏昏欲睡。比如,有一期节目中,我们介绍了8000多年前的贾湖骨笛,它是用坚硬的仙鹤翅骨凿制而成的,能吹奏出七声齐备的下徵调音阶,被誉为最古老的乐器。节目中来自上海音乐学院的嘉宾,带来了几个3D打印的贾湖骨笛模型,嘉宾能吹出声,可我们在现场学了半个小时也吹不出来声音……在做节目的时候我就在想,贾湖人的生活方式是什么,他们有着怎样的闲情逸致才能制作出这样的笛子?这样的例子太多了,我也通过主持这档节目爱上了考古,觉得自己的努力没有白费。

王端端在录制央视频《千古名篇》节目,演绎李清照《凤凰台上忆吹箫》

有没有因为自己不太了解哪一件文物而闹过什么笑话?

有一期节目我们复原了纺锤,因为之前没有接触过纺锤,我把纺锤(复制品)拿倒了。专家看我拿得不对,笑说我这姿势拿的不是纺锤,是鼓槌……

选择一个词来概括你入台后的职业生涯会是什么？

厚积薄发。我不属于那种有引爆点的主持人，踏踏实实在新闻岗位上干了20多年，看似没有高低起伏，但是我觉得自己一直在爬坡与攀登，力争每一天都有收获，正能量满满。总台的舞台无比广阔，我们每个人在每一次重大任务中都经风雨、见世面、长才干，锻炼了真本领。我从内心热爱这项事业，再用一个词来表达我的心态，那就是欲罢不能。

工作之余你会喜欢干点什么？解压的方式是什么？

最主要的休息方式就是看书。我感觉我看的书应该是比一般人要多一些，我家每一个房间都摆满了书，这样我可以随时随地拿到书。阅读让独处的时间变得很快乐，并能掌控自己的时间和心境，是最享受的事情。

记者：马媛媛 中国电视报

He Wei

中央广播电视总台体育青少节目中心主持人、评论员
2002 年至 2022 年连续 6 届国际足联世界杯解说评论员

贺炜

我不是足球诗人，是体育迷的陪伴者

体育解说评论员，中央广播电视总台第二届青年英才获得者，有"足球诗人"之称。曾担任《豪门盛宴》《足球之夜》《冠军欧洲》等栏目主持人；解说过女足世界杯、欧洲杯、欧冠联赛、世俱杯、西甲联赛等多个世界顶级足球赛事；从 2002 年开始，连续参与解说 6 届国际足联世界杯。他的解说风格自成一派，专业、全面且极具诗意，擅长用细腻的"白描"语言触动球迷内心的情感阀门。他的解说金句，在各个社交平台上广为流传。

> **"很多人认识我是'四年一次',其实我已经做了二十多年"**

2022年卡塔尔世界杯举办期间,中央广播电视总台作为官方转播机构,突破历届转播规模,搭建了完整的前场播出线,科学调度30路国际公用信号,全程转播64场比赛,共有9.19亿用户通过总台的转播享受了这场四年一度的足球盛宴,赛事相关内容全媒体受众总触达254.27亿人次,收视总时长59亿小时,传播效果创历史新高。

为了更好地完成此次世界杯转播,总台预订了所有64场比赛的现场评论席,同时在多数比赛现场都预订了场边报道点和出镜平台。贺炜表示:"这是目前国际主流媒体对于大型国际体育赛事转播报道的一种顶级操作方式。让人对总台的能力充满了骄傲与自豪。"也依赖于如此强大的保障和支持,他在本届世界杯创下了个人新纪录——单届世界杯解说17场。

通过电视直播与手机媒体平台的"大小屏"联动,众多总台原创精品内容实现跨界破圈,专业、激情、走心的赛事解说更是获得无数球迷点赞,贺炜的解说词就是其中的佼佼者。

"德国的球迷一直希望他们传统意义上的中锋能够存在,德国足球能够踢出像贝多芬的音乐一样强烈而激情的不朽咆哮。但是德国队没有做到这一点,连续两届世界杯,他们踢出来的,像是瓦格纳的歌剧《尼伯龙根的指环》。人们想起了当中著名的乐章《诸神的黄昏》。"这段话和大量"贺炜金句"一同在网络上广为流传。

这些出圈解说词是如何炼成的?贺炜说:"专业也是战斗力。"出圈解说词不只是赛场上的突然顿悟、灵光乍现,它与国家旗舰媒体对总台人业务水平的高要求不可分割。深厚的专业积淀、客观持中的解读视角、张弛有度的诗意表达,是贺炜的个人选择,也是总台的坚持和要求。十年、二十年甘坐解说台,数十年如一日观察生活,写就即兴小品记录生活,练就语句表达的准确度……足球解说评论员这份职业已经在贺炜身上留下深深的烙印。路边肆意绽放的一朵小花、一本好书……每天的日常生活都会激发他的思考——这些能和我的工作产生什么关联?"万事就怕琢磨,对吧?"他笑着说。确实,正因为坚持用"工匠精神"磨炼解说评论,才有了"足球诗人"贺炜。

正如他所说:"保持住内心的那份清明,记住自己想做什么,然后就默默地朝着那个目标努力,坚定、笃定,'修合无人见,存心有天知',总有一天会达成心愿。"

谈世界杯 | 工夫在诗外，灵感在日常

对"每四年一火的男人"这一称号，你怎么看？

一方面是比较欣慰的，但另外一方面，我其实不愿意听到别人这么说。世界杯是每四年举办一次，但我们的足球转播工作，是每天、每周都在做的。"四年一次"能不能换成"一周一次"？不是我想"火"起来，而是想让大家能跟体育贴得更近一些。这样，无论是打造健康体魄，塑造品格人格，还是建立团队精神，体育是不是给每个人都能带来一些积极的作用？

卡塔尔世界杯决赛后你的解说词再次"火"遍社交媒体，解说词的灵感来自哪里？

决赛之后，我们就开始收拾行囊了，一直在忙。第二天下午，差不多上飞机之前，朋友把央视新闻的我解说世界杯的短视频发给了我。我发现很多人在转，它引起了大家的共鸣。真想认识第一个给我的解说片段配上《鸿雁》的人，谢谢这位老兄！"四年前陪你看球的人，现在还在联系吗？四年后看球的自己，许过的愿望都实现了吗？……"这段解说词中的观点，其实在我过去的解说中不止一次表达过。很多人认识我是"四年一次"，其实我已经做了二十多年，这段话是我个人对人生的感悟，不是昨天，不是前天，也不是决赛当天才产生的。

大概十多年之前，还在解说西甲比赛的时候，在某一个北京时间的早上5点，我应该就说过这番话，当时是试图宽慰一些球迷。在之后的很多类似场合我也应该都说过这段话。

文章本天成，妙手偶得之。中间还有一个逻辑，叫作"工夫在诗外"。你所有的事情都应该是日常生活当中的点滴积累，然后水到渠成地表达出来。要说灵感在哪，灵感就来自日常生活的每一天。去遛弯，看到一条流浪狗在寻找食物；在路边，碰上一对小情侣在吵架；吃了一碗红烧肉；读了一个有关三国的故事……这些每天的日常都会让我不自觉地琢磨，能跟我的工作产生什么关联？这就像职业习惯一样。

2014年巴西世界杯，在转场途中遭遇飞机延误，贺炜在候机室席地而坐，稍作休息

2014年巴西世界杯，贺炜在举办城市阿雷格里港准备开启下一场解说

卡塔尔世界杯后，很多80后球员退役。他们的退役对于同为80后的你来说有何感触？

世界杯四年一次就像年轮一样，镌刻着这个世界推进的脚步，其实也映射着我们个人生命的推演。中国球迷群体中，80后球迷占据了绝大部分。中央电视台从1978年开始转播世界杯，1989年第一次转播意大利足球甲级联赛，大量80后球迷通过央视转播开始了解外面的足球，并培养了收视习惯。

对很多球迷来说，一周辛苦工作后最大的奖赏是什么？好好炒两个小菜，弄一杯小酒，晚上九十点钟，坐在电视机前看央视转播的意甲联赛。80后耳濡目染成为球迷，并逐步成为最近三四十年中国球迷群体中的绝对主力。曾经喜欢的球员一代代老去，慢慢淡出了赛场，一大部分80后球迷也进入了人生新的阶段，每个人心里隐隐觉得可能到了要跟足球告别的时候。

这届世界杯是80后球员的黄昏，也是我们这一代球迷的黄昏。因为我身处其中，感受特别强烈，所以就会用自己感受特别强烈的方式表达出来。所以我在解说中说，不管今天过得怎么样，心情如何，请放心，明天睁开眼，崭新的一天又会来！

谈"足球诗人" | 从未刻意让解说多么诗意

观众评价"贺炜的解说真会让一个不爱看球的人都想去看球",这个评价在你看来是最高评价吗?你是如何做到这一点的?

这对我来说是很高的评价。其实世界杯与日常联赛的说法是不一样的。受众越窄,专业度越高。比如,明天凌晨3点有一场德甲比赛,我的解说就应该是非常专业地直接纵向切入话题。世界杯吸引了大量非专业球迷,就不能用云山雾罩的话来彰显我有多专业,而是需要深入浅出地解说,尽量为足球项目培养一批新的球迷。如果把以前不爱看球的人对足球的兴趣培养起来,对我们这个行当来讲也是善莫大焉,对吧?

我总想让更多人认识到足球这项运动的竞技之美,特别是比赛过程中,体育所产生的激励人心的美。所以,世界杯上的解说除了讲专业内容之外,还得把文化、历史、人文、艺术、音乐等加进来,尽量让解说的外延能涵盖更广,帮助更多本来对足球没什么兴趣的人找到一个共鸣点。

2018年俄罗斯世界杯揭幕战现场,贺炜在莫斯科卢日尼基体育场

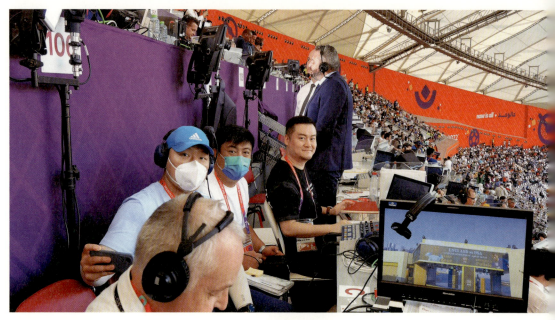

2022年卡塔尔世界杯,贺炜在哈里发国际体育场的评论席上,准备解说评论德国队和日本队的比赛

你解说词中的"诗情画意"是如何练就的呢?

并非刻意要把自己弄得多么诗意,还是要强调这一点,我既不会写诗,也没有写过诗。解说词中被大家认为的"诗意",是一种对生活诗意化的认知和表达,相对柔软,又能在关键时刻切入人心。这可能与我的表达习惯是有关联的。我平时喜欢用短小精悍的文字描述一些有意思的画面,表达要凝练,用字要推敲,记录下当时的心情,日后再翻看会很有趣。

有一年北京初雪,我被堵在路上,就写下了"晚来天欲雪,能饮一杯无,我正在去酒馆的路上,但眼前是一片绝望的尾灯。"日常我就喜欢这么说话,乐此不疲。

谈解说行当 | 体育解说要的是纯专业

你的解说风格,不仅充满诗意,同时非常细致。网友说,但凡"镜头给到谁,贺炜就能马上说出他以往的高光和战绩",即便"看台上一闪而过的老将也能马上说出背后的故事",这是怎么做到的呢?

看台上的老将、名宿,当年我也看过他们踢球的。他们的名字、高光和战绩,这是多年的积累,不是临时做的功课。

真正好的足球解说评论员,绝不是只会在终场哨声吹响之后,说几句走心的话,而是在90分钟内,把该说的全都说到了,体育解说要的是纯专业。在赛程中,解说里可以有引申、有联想,但是大量的时间要做战术和技术解读。比如:场上换人了,换了谁?这么换人是什么目的?换下一个左后卫,换上一个右边锋,这是要干什么?……这一类硬活儿绝不能犯错。尽量把场上的形势介绍得明明白白,而且还要避免用晦涩的战术语言去解读,让每个人都能听懂你在说什么,不要张嘴闭嘴全是进攻三区、异侧跑位、鱼钩反跑这种词。

说到这儿,我还想强调一点,可能因为我在颁奖仪式上的解说片段传播度比较高,这个行当里的一些年轻人也许会产生一种走偏的可能性,就是如果解说想被人记住,一定要在赛后发力。但这根本就是本末倒置的做法。

我们在90分钟内把比赛说得清清楚楚,大家都没有疑惑了,把饭做得色香味俱全,就是专业。在结束后大家还意犹未尽的时候,稍微升华一下,把心理上的余韵也给满足了,这是一个更高的要求。

2022年卡塔尔世界杯,贺炜创下了个人的最高纪录:单届世界杯解说17场

2022 年卡塔尔世界杯哈里发国际体育场，贺炜正在做赛前的准备工作

听说你家里有两本足球裁判法书籍，有空就要翻阅，这对你练就"神级解说"有什么帮助吗？

现在已经不知道有多少本儿了。裁判法在每个赛季都会进行一些微调，有的赛季甚至会出现重大变革和进步，中国足协技术委员会就会给出最新的中文译本。对足球竞赛规则的理解，对足球运动规律的理解，是解说评论员的基本功，要日积月累地去学习。除了阅读书籍外，中超联赛开始之前，要参加培训了解最新的规则，还要经常登录官方网站下载最新的足球竞赛规则文件。

解说也跟很多行当一样，一天不练手生，两天不练自己心里就知道跟不上了。它没有大家想得那样光鲜，每四年一次的出色表达，让大家认识了我和我的同事，但是大家肯定没有像我们一样见过那么多次北京凌晨 4 点的街头，对吧？我们每周都在经历这个，都在用大量时间解说比赛，稍微说错一点儿，球迷就不认你了。如果，不是有热爱去驱动的话，就别选这一行了。

你虽非科班出身，但是能在足球解说评论领域成为佼佼者，有什么优秀的经验传授给后来人吗？

体育迷在观看体育比赛的时候，需要一个声音的辅助与陪伴，以及资料的提供和解读。我们是在观众想知道，但是又不是特别清楚的时候，及时、果断地把信息精练化地告诉观众。同时，我们的声音又不能够超越体育比赛本身，成为喧宾夺主的存在，可以说这是一个要有眼力见儿的服务行业。我想对即将进入这个行当的同伴们说，先做好该做的本职工作，而个人风格是在长年累月的表达当中逐渐形成的。还有一个最后的忠告：一定要热爱体育。

你平时有什么爱好？

看电影、小剧场话剧。每周坚持踢球、游泳。我踢前锋的位置，踢球后我还会带着大家聚一聚，分享一下各自在工作、家庭中遇到的事。

记者：沈玉 中国电视报

中央广播电视总台文艺节目中心
《你好生活》制作人、主持人，《开门大吉》《星光大道》主持人

尼格买提

珍惜总台给我"试试看"的机会

2006 年进入中央电视台主持益智类节目《开心辞典》，现任中央广播电视总台文艺节目中心《开门大吉》《星光大道》节目主持人，《你好生活》节目制作人、主持人。从 2015 年起，连续十年担任总台春节联欢晚会主持人。曾获第十届中国金鹰电视艺术节优秀电视节目男主持人奖、中央广播电视总台第二届十佳电视播音员主持人称号。

> **做一扇透明的玻璃窗，
> 　让阳光照进来**

采访尼格买提之前，曾不止一次地想过，这位在电视上如此为观众所熟知的综艺节目主持人，在荧屏之外会是什么样子？

想象中的场景，可能是在聚光灯下，伴着丁达尔效应投射的粉尘光柱，看他带着招牌笑容走来；也许是在幕布后边黑乎乎的候场区，看他熟练地绕开脚下的各种道具和电缆，拿着提词手卡和工作人员讨论细节；又或者是在一个灯火通明的圆形会议室里，看他坐在有他名字的桌牌前，握着桌上的台式小麦克风发言……

然而现实是，在一间仅有三张桌子、两名顾客的小小咖啡厅里，他戴着棒球帽、穿着黑色的T恤走进来，熟稔地向店员点一杯咖啡，然后选一个靠窗的位置坐下。他喜欢冰美式，也喜欢甜掉牙的甜点，假如此时再加上一个笔记本电脑，就成了一个在咖啡店加班的普通上班族。脱离了演播厅和摄像机，他看起来那么真实又简单。

生活中的尼格买提从不吝于向别人展示真实的自己。他骑共享单车到天安门广场去看降旗，绕着什刹海观景，逛隆福寺夜市。他可能会为一家小店门口的月季花而驻足，停下车进去喝一杯咖啡，又或者被某个摊档飘出的香味吸引，寻到一份街边美食大快朵颐。

不怕被别人认出来吗？

尼格买提说，认出来就大方打个招呼，然后挥手道别，不必墨镜口罩遮遮掩掩，那样反而更容易惹人注意。

生活中的尼格买提是那样简单随意，连带着采访的气氛也变得轻松、自在，与他面对面，任何话题都会自然展开，工作角色、身份标签，甚至是年龄和焦虑，都可以开怀畅谈。

谈年纪 | 热爱生活的少年灵魂

在尼格买提看来，青春其实和年龄无关

迈入"四字当头"的年纪，会觉得自己和以前有什么不一样吗？

关于年龄这个事情，我和同事们也经常会开玩笑提起。我们几位主持人会互相调侃，撒贝宁已经年近半百了，康辉已经年过半百了，而我，则是刚过40岁的年纪，不上不下，有点尴尬。

上次录节目，有个十七八岁的女孩对我的称呼有点特殊，她可能是想叫"小尼老师"，又想叫"小尼哥"，最后脱口而出的是"小尼老哥哥"。我第一次意识到，"啊，原来我现在已经是一个'老哥哥'了"。

迈过40岁的门槛，随之而来的是时间带来的紧迫感和强烈的危机感。但我觉得自己很幸运，依然从事自己热爱的工作，而且为之不懈努力。

青春其实跟年龄无关，只要你热爱生活，就可以永远是个少年。

俗话说四十不惑，意思是40岁的人会更加通透，少了很多困惑，你有这种体会吗？

"四字当头"的年纪，惑，也不惑。面对年轻的孩子时，我"不惑"，用我的经验去帮助他们；和那些比我年长的朋友们在一起时，我会有"惑"，我仰望他们，向他们学习。

至于"40+"的小尼应该是什么样子，我也有过困惑。18年前，我刚进入央视工作的时候，大家都说我身上最抢眼的标签就是阳光和笑容，这么多年来似乎也没有变过。现在，同事给我的评价是"阳光大透明"。这对我其实是个提问：作为一个主持人，我身上能被人记住的特质，就只有"阳光"以及"透明"吗？我也曾尝试改变，但后来发现，做那些不适合自己的事情，结果只会适得其反。

最近，我与自己和解了。如果这是我的本色，那"阳光大透明"也挺好。我就做一扇透明的玻璃窗，让阳光照进来，给观众带去温暖，我的使命就达成了。

谈性格 | 放下焦虑，享受过程，自在独处

听你的讲述，你的性格中似乎有比较纠结的一面，是这样吗？

我是一个挺容易焦虑的人。我们录制《你好生活》的时候，会经常出现各种意外和突发状况，我作为制作人会很焦虑，总是忧虑很多事情：最初的计划实现不了怎么办？接下来要怎么调整？

有同事告诉我："试着放下焦虑，享受这个不断调整的过程。"

有一次录制，在内蒙古草原，露天音乐会马上就要开始的时候，突然下起了大雨。我独自举着雨伞站在暴雨如注的天空下，突然想起同事跟我说的那句话。这时候，我开始理解这种释然的感觉了。

工作之余，你的生活状态是怎样的？

除了和家人朋友在一起，我更多的时间喜欢一个人出去转悠。我很享受这个过程，单纯而快乐。

我会骑一辆共享单车，到天安门广场去看降旗，也可能绕着什刹海去转一圈，或者去隆福寺逛夜市。发现一个小小的咖啡馆或者路边的小吃摊儿，坐在那里一边看着路人一边发呆，或者解锁一些美食，对我来说是件特别幸福的事情。

如果偶然发现上次去的美食小店关门了，再也吃不到好吃的食物了，我会感觉特别遗憾，后悔当初没有多吃几次。

我也不会把自己遮盖得严严实实的，偶尔遇到认出我的观众，就打个招呼，然后继续我的美好旅程。也可能是我太喜欢瞎转悠了，所以大家都见怪不怪了。有人在网上说，"今天在三里屯碰到小尼了"，随后就会有人回复说："一点都不奇怪，我经常在鼓楼、后海看见他。"

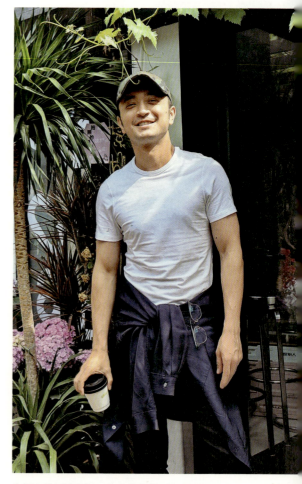

生活中的尼格买提，从不吝于展示真实的自己

谈伙伴 | 继续"主持人团建",一起攒出一台"村晚"

尼格买提在《你好民歌》节目中登台演唱

新一季的《你好生活》已经播出,这次和朋友们又做了哪些新事情,经历了哪些新故事?

《你好生活》已经做到第四季了,我也收到很多观众反馈,说很喜欢这种"主持人团建",和前三季不同,改成大家聚在一起完成一台"村晚"。

我们请了撒贝宁当总导演,还有很多同事、朋友加入其中,选演员、挑节目、看场地、试音响……所有人聚在一起齐心协力完成这件事。我们经常丢掉剧本,到村子里随便转转,发掘一位大姐来演节目;或者在观众席里,随机请一位大哥来唱歌。不要摆拍,不要预设,不要表演,把这些可爱的人从生活里拽出来,攒一台别具一格的"村晚",这个过程特别美好。

录制四季《你好生活》以来,我有一个很强烈的感受,我们总台的主持人特别能拼命,特别不矫情,彼此之间配合度特别高。和这些朋友在一起,总能很快找到工作状态,也能激发出彼此的潜力。

就因为这种默契,才有了《你好生活》里动人的真实和更多惊喜。在草原上举办"村晚"那天,撒贝宁说要给大家一个惊喜。他突然把灯关了,大家抬头就看见了草原的星星,夜空可太美了。

作为制作人和主持人,尼格买提经常和同事们一起携手完成节目中的各项任务

和这些同事朋友在一起,你更多地扮演什么样的角色?

在《你好生活》里,我既是主持人,也是制作人,所以会考虑得更多一些。我发现,自己在不知不觉中越来越像个制作人了。

我和导演组讨论着让杨帆表演呼麦,让任鲁豫演奏马头琴,让朱迅表演跳舞,对这个节目创意感到特别兴奋,说到兴高采烈时突然发现,怎么把自己忘了?我完全是制作人思维了,把自己是主持人这个事儿给忘记了。不过也没关系,有撒贝宁在,不缺主持人,我不用管他,他自己发挥就够了!

说到撒贝宁,我跟他在那达慕大会上体验过一次摔跤项目。我俩面对面较量,他突然没站稳要往后倒。我的第一反应就是,撒贝宁脚上有伤,我不能压伤他,要不然节目录不下去了!结果就是我的脸重重地撞到了地上,还好撒贝宁没事。看我摔得满脸鲜血,任鲁豫急了:"赶紧上医院!"

我临走前还一直叮嘱现场导演别等我,按计划继续录制。经过医生检查,没有什么大碍,简单处理了一下,我就返回了现场。

作为制作人和主持人,尼格买提和《你好生活》节目已经走过了四季

谈成长 | 感谢总台这个平台，让我有机会"试试看"

主持过多档综艺节目，尼格买提坚持在每一次工作中寻找自己的价值，找到自己的位置

主持过这么多档综艺节目，这些节目对你来说有不同的意义吗？你在节目中如何区别自己的风格和定位？

在不同的节目中，我给自己设定了不同的角色。《开门大吉》是跟我主持风格结合最紧密的节目，我特别享受陪着选手打开一扇扇门的感动，在这里我是个忠实的陪伴者。

而在《星光大道》，我是个观察者、抚慰者，是帮选手追梦的人。当我听到选手说"爷爷生前最大的愿望就是看到孙女登上《星光大道》的舞台"，就会由衷地感慨，我何其幸运，能身在其中带给他们慰藉。

至于《你好生活》，因为我有制作人和主持人的双重身份，所以我给自己的定位是组织者、策划者。我会操心嘉宾、设备、天气、道具……林林总总，对各个环节都要照顾到。

每一档、每一期节目的需求都有不同，但我一直努力在每一次工作中寻找自己的价值，找到自己的位置。

听说你的父母珍藏着某一期《中国电视报》，能讲讲是怎么回事吗？

那是2023年第1期《中国电视报》的"总台十佳"特刊，我获得了总台第二届十佳电视播音员主持人称号，《中国电视报》上有我的名字和照片。

我特意收藏了5份，自己留1份，另外4份给我爸妈收着。他们觉得这期报纸特别宝贵，把其中3份单独收藏起来，专门留1份放在显眼处，没事就拿来翻看。在我爸妈看来，能获得总台十佳电视播音员主持人称号是格外值得骄傲的荣誉。戴上老花镜，在窗前翻阅《中国电视报》"总台十佳"特刊，对他们来说有种特别的仪式感。

"总台人"这三个字，在我脑海里也一直

作为总台的一员，尼格买提说，他的成长和总台提供的机会密不可分

和一个极具仪式感的场景相互关联，那就是2018年总台揭牌当天的情景。我特意穿着西装、打好领带，早早来到复兴路办公区东门观礼，有幸亲眼见证了这历史性的一刻。

或许当时我还没有清晰地意识到总台的成立对我来说有着怎样的意义，但现在回想起来，这几年我有了长足的进步，看到了很多新的可能性。我和《开门大吉》《星光大道》一起成长，我连续在春晚舞台上陪伴大家多年，我们创立的生活类慢综艺《你好生活》已经成功推出了四季，这些都与总台这个大舞台提供的机会密不可分。

我们的台长慎海雄说过，要给年轻人"多说几句'你来试试看'"。在这里，总有人会看到我们身上的微光，并给予我们信任和空间，去发现自己的潜力、突破自己的极限。这种感觉很温暖，也是我一路前行的动力。

2018年总台揭牌那天，尼格买提特意早早来到复兴路办公区东门观礼

闲聊两句

你总是在节目里扮演陪伴者的角色,见证大家和小家的温馨时刻。节目之外,你和家人的相处方式是怎样的呢?

父母不在北京的时候,我也会每天和他们联系。每个早晨,我都会和妈妈抢着跟对方先说"早安"。和家人在一起的时间也是我的"充电"时间,我很享受每一分每一秒。

你平时有什么习惯吗,比如健身?

我会做一些有氧运动和器械锻炼,如果某个休息日偷懒没去健身房,还会有种负罪感。我希望能把头肩比例练得更协调,上镜效果也会更好。

有没有什么工作之外的解压秘籍可以给我们分享一下?

我有个特殊的放松方式——擦地。把家里的边边角角都清理一新,对我来说是很解压的过程。

记者:蔡楠

永葆新人之心，
常播常新

本名王凤军，现任中央广播电视总台新闻中心中国之声《新闻和报纸摘要》播音员。从事党的新闻宣传工作33年，总台成立后，成为首批三台融合骨干人才，参加央视《新闻联播》配音工作。曾担任中央广播电视总台和国家广电总局播音系列职称高评委，中国播音主持史研究基地研究员。曾荣获2010中国播音主持"金话筒奖"、总台台长奖、总台十佳广播播音员主持人、全国最美志愿者、中央和国家机关"脱贫攻坚"先进个人、全国先进工会会员、精神文明建设"五个一工程"奖特别奖、中国新闻奖及特别奖、中国电视"星光奖"、中国电影"金鸡奖"、中国电影"华表奖"、中国电视"金鹰奖"等数百个奖项。

方亮

中央广播电视总台新闻中心
中国之声《新闻和报纸摘要》播音员

方亮

Fang Liang

> **播音员不仅负责播报工作，其实也是半个编辑**

2018年3月31日，方亮正式开始为《新闻联播》配音，这不仅是"广播人"第一次为《新闻联播》配音，也是总台成立后开启的一次重要的融合之举。方亮清晰地记得，当天，陪他走进录音室的，是一本第七版《现代汉语词典》。"我们每个播音员的手头都有若干本字典，虽然每天都在学习，但在紧急稿件面前仍然会遇到读不准确的字。不懂就问，遇到字典中没有的生僻词，会马上打电话给相关专家学者，以最快的速度解决问题。"

方亮介绍，《新闻和报纸摘要》的语速在每分钟280字左右，《新闻联播》则是290—300字，这10个字极其考验不同风格的播音员。一方面，每个播音员会有自身习惯的语言节奏；另一方面，这两档国民级新闻栏目的受众各异，在语言表达上需要及时转变，从而实现传播效果的最大化。所以，每次坐在录音室，方亮总会把自己"变成"那个传播声音的"新人"，时刻自我提醒要注意"声画结合"，尽最大努力做到"快、稳、准"。

作为总台新闻中心早间节目部《新闻和报纸摘要》的播音员，方亮从事一线新闻播音工作已有30余年。这30多年，是3000多期《新闻和报纸摘要》和近2000期《全国新闻联播》播音主持工作的零事故、无差错；是为不计其数的纪录片、政论片、广播电视节目配音解说；是听众耳熟能详的经典声音作品……

从山沟里走出来的他，从小喜爱文艺，尤其对声乐感兴趣。他曾经在东方歌舞团进修过声乐，秉持着艺多不压身的原则，少年时的他就像一块奋力吸水的海绵，努力汲取着各种综合技能。直到在中国传媒大学系统学习播音专业后，他瞬间找到了愿意为之奋斗终生的事业："播音员不仅负责播报工作，其实也是半个编辑，需要综合技能。现在证明，以前各种技能都没白学，为我的播音工作无形中帮了很多忙。"

20世纪90年代初，刚刚毕业的方亮，为了学习实践，几乎跑遍了辽宁省的所有电台。因为囊中羞涩，有时候一天只能吃上一个馅饼："当然很饿，那就多喝点水。当时每天十几个小时的学习也会让自己偶尔陷入迷茫，但熬过来之后，才知道那是最有意义的日子。"

因为在家乡电台的出色表现，方亮终于有机会考到北京，继续从事自己热爱的广播事业，当时的他就告诉自己，需要一直保持"新人"的谦卑态度，他从前辈方明和常亮的名字里各取了一个字，组成了他的播音名"方亮"，他的初衷十分朴素，希望自己能够像前辈一样，拥有最好的声音和最扎实的业务功底。

"我生活中的每一个细节，都与播音工作紧密相关，它甚至影响了我的人生轨迹。对于热爱的播音工作，我时刻告诉自己，要心存敬畏、兢兢业业。"播音事业对于方亮来说，无疑是神圣的。如他少年时，迎着朝霞走在上学路上，伴随耳边的是"戏匣子"里，老一辈播音人用声音点亮的梦想。

谈广播 | 这是我勇敢向前的底气

你和广播的缘分是怎么开始的？

我从小就天天抱着半导体听广播，当时很多播音员的声音都充满了生命力。上初中的时候，我属于那种"皮孩子"，学习成绩不理想，自己也没什么自信，但经常会参加一些歌咏比赛，大家都夸我的声音很好听。我也因此一点点找回了信心，自此奋发图强，考上了我们市的重点高中，那时我就已经确定了自己的目标，未来做一个"传递声音"的人。

在 30 多年的工作中，对你影响最大的一档广播节目是什么？工作中是否有很难忘的"高光时刻"？

那一定是《新闻和报纸摘要》。节目每天半个小时的播报，凝结了我们总台新闻中心中国之声团队所有工作人员的辛勤努力。按照规定，播音员要在每天的凌晨 3 点半进群打卡，4 点半开始备稿，如遇重大或突发新闻，节目需要延时，则要全天候在台里备战，这是我们的工作常态。

不仅如此，值班审稿、编辑老师们比我们更辛苦，他们需要在播音员打卡之前，把当天最新鲜的新闻准备好。所以，每天早上的播报都像是在打一场紧张的新闻战。但我时常想，全国有亿万听众，正在不同的场景下收听我们的节目，那一瞬间让我

2003 年 6 月 27 日凌晨 4 点半，方亮在直播间应急备稿

觉得所有的努力和付出都是值得的。

而所谓的"高光时刻"，在我看来更像是幸福温暖的时刻。印象最深的一次是，总台领导表扬和肯定了大湾区之声的评论，这既是对新闻中心中国之声全体人员辛勤工作的褒奖，也是对我们播音员主持人的巨大鼓舞，鞭策激励我们今后要倍加珍惜岗位、忠于职守、精益求精、奋发有为，要做一名"自燃型"的总台人。

2023年6月5日早晨6点30分,方亮和搭档成亚播报《新闻和报纸摘要》节目

2018年4月1日起,方亮开始参与《新闻联播》配音工作

如果请你回忆一次刻骨铭心的播音工作,你认为是哪一次?

2020年9月8日上午10时,全国抗击新冠肺炎疫情表彰大会在人民大会堂隆重举行。我有幸被总台指派担任大会现场司仪工作。大会开始前的准备工作和全程演练中,我是见证者、亲历者,更全程被总台报道团队"舍我其谁、敢战必赢"的工作作风激励着。一遍遍的演练工作,我都要做到细致入微地调整状态,同时在休息间歇做好复盘,特别是谨记勋章获得者走到主席台的步数,调节奏打拍子。千百次周而复始的操练,每一次演练下来都会汗流浃背,就像蒸了桑拿一样。身为一名总台人,这次工作经历让我备感骄傲和自豪,更加强烈地感受到祖国的强大号召力、凝聚力和向心力。

谈配音 | 配音道路没有捷径可走

你是首批参与为《新闻联播》配音的总台央广播音员，你还记得最初接到任务时，是怎样的工作状态吗？

我是2018年3月31日值班，当天，我接到了3条头条新闻备播稿子，其中雄安新区一周年的稿子有一两千字，播出后有5分钟左右。配完音回到家，凌晨突然接到节目组的电话："有两段重要的话需要修改，希望你尽快到台里。"我立刻赶回去，重新配完新闻已经是凌晨2点。凌晨4点，我又赶到《新闻和报纸摘要》的直播间，准备早晨6点半将要播出的节目。

因为担心《新闻联播》头条新闻还有修改，下午3点，我又回到台里待命。片子果然还有要修改的地方，每个修改的部分都要重录三到四遍，因为要与之前录好的部分前后语气搭配。等到这条新闻全部录完，时间已是晚上6点55分。当时的情景就像是一场没有硝烟的战斗。

你配音过的作品众多，包括纪录片、政论片、广播电视节目和广告等，可否介绍一两部你的得意之作及其背后的故事？

在我创作成长的道路上，只有遗憾艺术，没有得意之作，只有更好没有最好。特别是这些年，在进入总台大制作团队的众多经典作品中学习淬炼后，愈发觉得自身的不足，同时也切身感受到，一部精品力作的完成需要上下齐心、携手努力，进而保证作品优质安全地播出。

在工作中，也留下了很多难忘的瞬间。例如文献专题片《我们走在大路上》，光脚本就写了半年，后来又经过总台领导和各部门的负责人以及撰稿、导演等后期团队600多人的共同创作，这部史诗级的经典作品才呈现给观众。在我负责的配音环节上，我和录制团队经过一天一宿连续奋战，一口气完成了24集中的17集。将近17万字的修改与配音任务，打破了我一次极限工作的纪录，保证了总台大制作的顺利播出。

还有大型纪录片《通向繁荣之路》，这部片子筹划、立项、制作、播出过程历时近一年。用什么样的声音形态表现出这部片子的深刻内涵？整个制作团队也是煞费苦心。样片和样音录制就经过了3个多月的多轮筛选。当胜利播出的时候，我们团队抱在一起欢呼庆祝，激动的泪水也止不住地流淌。而这仅仅是总台人拼搏的一个缩影。

2018年8月18日,方亮在中共中央组织部组织的"不忘初心,牢记使命"主题教育活动中,诵读红色家书

2020年9月8日,人民大会堂,方亮担任全国抗击新冠肺炎疫情表彰大会颁授奖主持人

2023年元旦,方亮被授予第二届总台十佳广播播音员主持人奖杯和荣誉证书

总台成立以来,是否也为你的播音工作提供了更大的舞台?

总台成立以来,随着媒体融合的深度发展,作为广播人生逢盛世备感荣幸,拥有总台广阔的创作空间和巨大的舞台,更让我深感使命光荣、责任重大。总台成立后,我成为三台融合的第一批践行者,不仅承担《新闻联播》的配音任务,同时还深度参与了总台承制的一系列专题片、文艺演出和纪录片的配音解说工作,比如《我们走在大路上》《敢教日月换新天》《领航》《伟大征程》《记住乡愁》,等等。作为广播人如此全方位地参与融媒体节目,在过去是不可想象的。

总台不断创新媒体融合发展之路,我也尝试着通过大量实践播音的新理念、新方式,去探索更加广泛的领域。每一名广播人时刻能感受到,在总台这样一个传媒巨舰上,要抢抓机遇、守正创新,肩负起总台这一代广播人的使命。我感恩生在一个伟大的时代,遇见了向上奋进的团队,大家一起在总台朝气蓬勃的大熔炉里经历锻造,共同成长,把党的声音传递到千家万户,讲好中国故事。

谈公益 | 公益是对社会的正向回馈

我们注意到,多年来,你一直积极投身于志愿服务、捐资助学等公益活动,是什么动力让你如此坚持?

投身公益扶贫事业数十载,这一切的动力,源于单位和组织的信任培养,更源于父辈和红色家庭的影响。我在农村艰苦环境中长大,体验过贫穷带来的窘迫,更加理解贫困学子对知识的渴望。我目睹过长辈们在生活最拮据的日子里,依然对来求助的邻里乡亲慷慨解囊。"赠人玫瑰,手有余香",今后,我会继续牢记这份代代相传的教诲,怀一颗最纯粹朴素的心,在挚爱的党的广播事业和公益道路上,继续散发更多的光芒与热量。

2020年11月17日,方亮作为中央和国家机关"脱贫攻坚先进个人"和"红军爱心大使"深度参与辽西旅游扶贫大环线推介活动

2018年9月1日,方亮携爱人高俭和女儿王岚来到陕西省铜川市照金北梁红军小学捐款捐物并倡议社会各界参与公益活动

你曾策划各类扶贫公益活动达数百场,可否介绍一下这些活动取得了哪些阶段性的成果?其中最让你印象深刻的活动是哪一次?

只有收获的快乐并不是真正的快乐,更大的快乐是帮助别人。所以,我持续为山区儿童、贫困母亲、因病致贫家庭等群体个人捐款捐物。作为"全国红军小学建设工程爱心大使",我从2007年起,就全面深度参与"红军小学"大型助学工程,并为全国400多所红军小学的形象宣传、教学资源改善等出资出力。工作之余,我也多次奔赴河北、陕西、贵州、四川、广西等地的红军小学,与那里的孩子们面对面交流,为他们购买学习用品,带领他们排练节目、拓展视野,树立奋斗成就梦想的信心。

2018年的"六一"儿童节前夕,习近平总书记给陕西照金北梁红军小学的学生回信,勉励同学们用实际行动把红色基因一代代传下去。同年9月,我和我的家人一起来到照金北梁红军小学,和全国红军小学建设工程理事会的成员们一起,为孩子们送去爱心物品。那天,我被孩子们簇拥着走进教室,和他们一起朗诵,他们充满童稚的声音里全是开心与快乐。那样的日子太美好,太令人难忘了。

做公益,我觉得收获更大的首先是自己,我感觉到了自己的成长,也进一步净化了心灵,觉得自己的生活更充实、更踏实、更扎实,也更真实了。我觉得这样的生命和生活才更加有意义。

闲聊两句

你有什么独家的缓解工作压力的方法？

由于平时工作忙，"早报摘晚联播"工作性质特殊，需要早来晚走，与家人聚少离多。面对重大宣传任务时，连续加班夙兴夜寐。我感受到巨大压力时，特别想听到妻子暖心和激励的话。在我看来，家人善意的提醒和敲打，也是一种珍贵的解压方式。

你最喜欢的休闲活动是什么？

早间节目部领导是一位马拉松爱好者，经常参加北京马拉松赛事，因此也带动我们跑步锻炼身体，达到劳逸结合的效果。除此之外，我喜欢看书、古诗词鉴赏，也喜欢老电影、舞台剧，还会参加各种歌咏比赛诵读活动等。

能否给同样有播音梦的年轻人一些建议？

成就梦想的道路千万条，能够选择一条适合自己的路十分重要。以下三点仅供参考：第一，学会做人是核心，学艺的首要条件就是要先立德，自觉树立社会主义核心价值观；第二，学精普通话是基础，特别要从中华优秀传统文化中吸收丰富的养分，注重"内在修养"和"外在礼仪"的探索和实践；第三，学思践悟，细照笃行，梦想绝非一朝一夕能够实现的，需要知行合一，踔厉奋发，笃行不怠。

记者：王姝　中国电视报

坚守者

热爱可抵岁月漫长

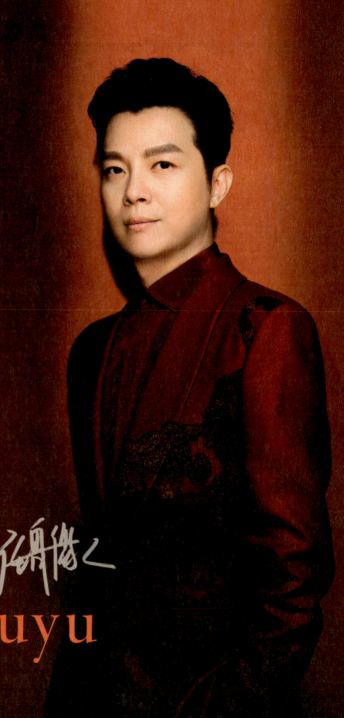

Ren Luyu

央视一号厅的老朋友,
除夕夜的守岁人

中央广播电视总台文艺节目中心主持人
参与主持总台 2018 年至 2024 年春节联欢晚会

任鲁豫

中央广播电视总台主持人,2022 年获得总台首届十佳电视播音员主持人称号,2014 年、2022 年分别获得中国电视"金鹰奖"优秀主持人奖和最佳电视节目主持人奖。曾参与主持总台 2010 年、2016 年、2018 年至 2024 年春节联欢晚会。2019 年主持新中国成立 70 周年大型文艺晚会,担任庆祝新中国成立 70 周年联欢活动解说并获得嘉奖。近年来,多次担任重大国事、外交演出活动主持工作。同时,他积极投身公益事业,连续多年担任中国妇女发展基金会"母亲水窖"项目宣传员并从事义工工作,担任国家卫生健康委员会聘任的预防艾滋病宣传员并从事相关公益活动,担任国家环保部聘任的全国环保宣传监督员、团中央中国青年志愿者。

"每一次的'零点报时',主持人就像打一场硬仗"

演员退场,观众离席,位于北京市复兴路11号的中央广播电视总台央视一号演播大厅,在完成一年一度最"热闹"的使命之后,回归寂静。耀眼夺目的灯光逐渐暗下来,只剩几位工作人员还在进行最后的整理工作。这时,一个人影走了进来,默默徘徊良久,方才离开。

他是主持人任鲁豫。熟悉他的人都知道,他有个习惯,在春晚直播之前,会先到一号厅里转转,把自己每一次的站位都反复确认清楚。而大家都不知道的是,每次结束春晚的主持工作,他也有个习惯——再回现场看看。

在任鲁豫的眼里,一号厅就好像陪伴他多年的老朋友。"从地方台来到央视的时候,我就来到了一号厅,对这里有一种很特殊的感情。在直播之前,我会到这里走走,音响、线路,我都会自己检查一遍,那个时候就好像自己在跟'他'对话,希望能够顺利完成这一年一度的大考。在完成直播以后,我也会到现场,告诉'他',今年的任务完成了,明年有新的工作我再来。"

从一号厅出来,换好服装,任鲁豫抬手看了眼时间,表盘很亮,数字清晰,已近深夜2点。他抬眼望向身后灯火通明的办公大楼,那里还有很多同事坚守在自己的岗位上。

这里是选择他的地方,这里是他选择的地方。

21年的坚持,他抵达了同行渴望的最高点。从一个电视节目主持人到数台大型晚会的主持人,他沉稳大气、从容自信的表现,收获了无数的掌声与鲜花,在舞台上愈发游刃有余。

21年的坚守,他依然停留在梦想最初的地方。依然认真准备每一次登台,认真对待每一次主持,认真享受每一方舞台,享受这个职业带给自己的酸甜苦辣,这是他认为的热爱。

谈主持春晚 | 是业务、心理、体力的全方位挑战

从最开始在春晚的舞台上"读贺电",到现在连续多年担任春晚主持人,一路走来,这个舞台对于你来说有着什么特别的意义?

春晚是到目前为止,全世界独一无二的舞台,它拥有的观众基数也是全球最大的。我曾经跟欧洲一位电视节目主持人说起,超过14亿全球华人都在关注这台晚会时,对方的下巴都要惊掉了,因为整个欧洲加起来也没有这么多的观众。在我的心中,春晚的舞台是神圣的,它给了我一个机会,被大家看到、熟悉甚至喜爱,所以我非常感恩。

任鲁豫主持总台2024年春晚

除了春晚之外,你还承担着别的大型晚会、特别节目、重大活动的主持工作,你觉得主持春晚与其他的主持工作有什么不一样的地方?对你来说有哪些挑战?

一直有观众开玩笑跟我说:"春晚一点瑕疵都没有,肯定是假的,不是直播。"我还得跟他们解释,春晚是实时直播,是"总台出品"的一个体现,是集中国最优秀的电视团队举全台之力打造的。对于主持人来讲,这不仅仅是业务的挑战,也是心理的挑战,还是体力的挑战。毕竟是4个多小时的直播,要始终保持最好的精神状态,不能有任何的松懈,直到最后说"再见",所以对我们来说是全方位的挑战。

主持人需要做怎样的准备工作？串联词需要反复记忆吗？现场是否有提词器？

春晚对于主持人从来都没有提词器，提词器只是给歌手演唱时使用的。有人经常问，你们是用什么样的方法背诵才能做到准确无误的？我想说，作为主持人把这些词背下来只能到及格线；要是能做到熟悉导演的所有设计意图并进行情感表达，那么可以达到八九十分；如果可以非常准确无误地驾驭这个舞台，从容面对舞台上出现的任何突发状况，才能够达到95分，甚至是向满分冲刺。

作为春晚主持人，不仅要熟悉自己的业务，还要熟悉各工种的业务，需要全盘的观察能力和临危不乱的综合素质。能不能举一个你救场的例子？

可能对于观众来说是救场，但对于专业电视节目主持人来说，其实是不存在救场的。主持人很重要的一个功能就是"腻缝儿"，需要把时间上出现的偏差，或者是演员可能没表演好等情况，进行紧急应对，不能让大家看出来我在救场，这是主持人的职业素养。

有一次我去主持中国和印度尼西亚艺术家联合演出。中方带来一个杂技转盘节目，由于太过紧张，一个演员的盘子掉在地上摔碎了，这种紧张的气氛是会传染的，很快另一个演员的盘子也掉地上了。我有个习惯，一般都会坐在现场导演的旁边，希望第一时间看到舞台上发生了什么。这种国事演出本来主持人是不可以有太多发挥的，我跟导演说，我想上去弥补一下。导演信任地看着我说："行，一两句，别多。"说完我就上场了，在感谢演员们带来的精彩演出之后，我说了这样一段话："我相信大家，尤其是印度尼西亚的观众，在看这场演出的时候，一定会有这样的疑问：杂技演员顶的这些盘子是真的吗？是不是用胶带把它们粘了起来？所以我们特意设计了一个环节，让这些盘子掉在地上，用清脆的声音告诉你们，这些都是真的。"台下的观众听完这番话，雷鸣般的掌声就响起来了。

2020年1月24日，一个在春晚开播前临时增加的节目情景报告《爱是桥梁》与全世界观众见面。这个节目是历年春晚唯一没有彩排过的节目，听说主持人的串联词也是现写的？

对。我们拿到串联词时已经距离直播只剩一个半小时了。串联词是手写的，很工整的排比句，但当时并不知道是谁写的。我和尼格买提都非常紧张，心理压力特别大。临上场的时候，我俩互相加了把油。当我们在舞台上把那段词说完，追光熄灭，我俩在黑影中对视了一眼，轻轻地击了个掌，然后在舞台上稳了几秒才走下去。等我们下来之后，才被告知串联词是慎海雄台长在现场拿了纸当场写的。后来慎台长还对我们的业务水平进行了表扬，说我们在这么短的时间内，顶着这么大的压力，声情并茂、一字不差地完成了工作，体现了总台主持人的职业素养。

谈零点报时｜仅凭一己之力是肯定不行的

任鲁豫现场解说 2023 年杭州亚残运会开闭幕式演出

2022 年，任鲁豫获得中国电视"金鹰奖"最佳电视节目主持人的荣誉

除夕守岁对中国人来说是非常重要的，春晚的新年钟声伴随了几代中国人，"零点报时"环节由于其特殊的时间和意义备受关注。扛起"零点报时"大旗，会是怎样的一个状态？

可以说"零点报时"环节的成败直接决定这场晚会的成败。因为语言类节目时长具有弹性，这为零点之前的几分钟增加了不确定性，所以每一次的"零点报时"，主持人就像打一场硬仗一样，必须要在零点将红旗插上堡垒。我们的心理节奏需要完美配合，当最后一个人把台词交给我的时候，那一刻，现场已经沸腾了，而我的内心深处却在这一刻静止了。我的心静得仿佛能绣花，要极其细致认真，一点一点地去完成。我边说着话，边计算着时间，当钟声敲响的时候，一切又恢复如常。也只有在每年的这个时刻，我才能拥有这样的一种精神状态。

任鲁豫在《这 young 的夏天》中演唱《孤勇者》

每一次"零点报时"的成功都会让人感叹总台主持人的主持功力。你是怎么做到完美控场的?

之所以能够从容淡定地站在那儿,是总台给我的自信,如果没有这么优秀的电视团队、没有同台主持人的通力配合和张弛有度,仅凭一己之力肯定是不行的。

另外,做好充足的准备和大量的积累是十分必要的。一个优秀的文艺类节目主持人,一定是要能够在各个文学艺术领域耐下心来深耕的。比如,我用了将近 6 年的时间深耕古典音乐、民族音乐、戏曲、舞蹈等。记得当年做民族器乐电视大赛,在两个月的时间里直播了 100 多场,那俩月就是在一间 1000 平方米的演播室里度过的。你的学习、积累、磨砺、经验会让你在舞台上游刃有余。虽然艰辛,但是时光从来都不会辜负奋斗努力的人。

听说,为了多重保险,你都会再单独戴一块手表,是吗?

为了保证直播的安全,我们面前会有一个倒计时表盘。一号厅还有提醒工作人员的倒计时表盘会在舞台两侧露出,算是双保险了。但是确实在彩排的时候发生过表盘不准的情况。于是我又增加了第三重保险——自己再佩戴一块表。临上场之前,我会拿这块手表和现场的表盘再对一次时间,做到万无一失。我相信准备得越充分,就越能够从容应对不可预期的风雨。

谈家人支持 | 只要是台里的事，那就是天大的事

这么多年，你因为主持春晚，大年三十都是在台里度过的，不能陪伴在家人身边，会觉得愧疚或者抱歉吗？

不能这么讲。我们个人的这种得与失，太微不足道了。妈妈觉得我能主持春晚，不仅仅是整个家庭的，还是整个家族的荣耀，是需要用一生去感恩的。我父亲生前也常跟我说，只要是台里的事，那就是天大的事，你要好好完成。

2023年杭州亚残运会开闭幕式直播结束后，任鲁豫（左一）和总导演沙晓岚、总台主持人田薇在一起合影留念

任鲁豫主持《一馔千年》节目外景图片

记得2021年你在《你好生活》节目里泪洒现场，道出了对父亲的深深思念之情。很多观众也是从那个节目了解到，父亲的离开成了你最大的遗憾。

一路走来，除了我自己的努力之外，离不开父亲的支持和鼓励。父亲已经离开我几年了，时间是最好的良药，让我慢慢地跟他告别。其实我一直觉得父亲没有离开，只是换了一个地方陪伴我。在坐飞机的时候，看着窗外漂亮的云层，我想父亲可能就在这儿生活吧。有时候晚上出去锻炼身体，一抬头看到天上的星星，我觉得好像是父亲在看着我。有时候遇到开心或者不开心的事，我也会在心里跟他交流。昨天我看到了一篇文章，里面说，这个世界是公平的，总有人爱着你、保护着你，那就是你的父母，你也一样，会爱你的孩子、保护你的孩子。我觉得说得太好了。

你是怎么扮演好一个父亲的角色的?

我会尽可能地把工作之外的时间留给家庭。大儿子已经大了,慢慢有了自己的生活。我们之间就好像朋友一般。2022年春晚时我在舞台上戴的表,表盘就是大儿子送给我的,只要一抬手腕,表盘就自动亮起,上面的数字一目了然,连倒计时都同步显示。他还在家陪我练习掐表。小儿子还小,我会经常抱他,这对我来说是一个很治愈的过程。其实大人跟孩子之间,看似你在照顾他,其实是他在疗愈你。有句老话"不养儿不知父母恩",养儿的过程,其实也是内心的一次新的建设与成长。跟孩子相处时,有时候想到儿时与父母之间的隔阂,那些想不通的事情你突然间释然,不禁泪流满面。

任鲁豫在《你好生活》节目中大秀厨艺

任鲁豫主持《山水间的家》节目

听说你厨艺特别了得，都是跟谁学的？你最拿手的菜是什么？

自学。我在上大学之前完全不会做饭。我这个人特别要强，给自己定的规矩就是工作后不再向家里要一分钱，刚毕业那会儿一个月只有300块钱的实习费。为了省钱，就自己买菜做饭。买一根几乎没人要的大棒骨，拿电饭锅炖一天，汤美味无比，再把5角钱一个的烧饼掰碎了泡进汤里，就是我的一顿饭。那会儿虽然过得很紧巴，但天天研究做饭，我的厨艺就是那会儿练出来的。现在一有时间我也会下厨，麻辣小龙虾、辣椒炒鸡蛋、腌仔姜、腌萝卜，我能把胡萝卜丝煸炒出油……

你平常工作之余还会干点什么？会选择什么方式解压？

有一个词说得特别好，叫"慎独"。当我独处时，不管是看书、看电影还是写作，能够让自己的心静下来，可以与自我对话，我就能做到真正的解压和放松。

如果让你选择一个词来概括入台后的职业生涯，会是什么？

不辜负。当年总台选择了我，把我招进央视，可以自信地说，我没有辜负在总台的每一分、每一秒、每一次机会，总是尽全力投入。当有一天我不再从事这个职业，也不会留任何遗憾，因为我没有辜负过从业的每一天。

记者：马嫒嫒

中央广播电视总台社教节目中心特别节目部主任
《领航》《孔子》《长征》《重庆谈判》等纪录片导演

闫东

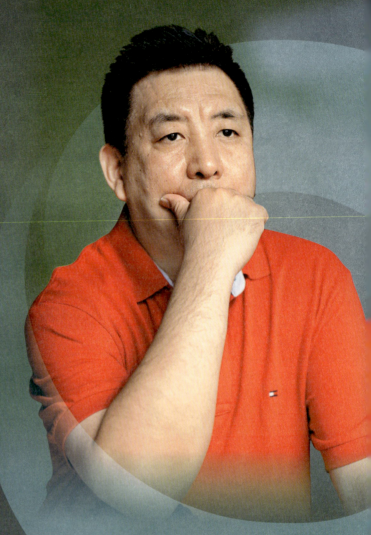

Yan Dong

连接时空，
与历史亲历者共振

从事纪录片创作37年，在重大题材创作方面硕果累累。代表作有：《领航》《敢教日月换新天》《我们走在大路上》《旗帜》《孔子》《东方主战场》《长征》《英雄儿女》《1937南京记忆》《重庆谈判》《李大钊》《百年小平》《共产党宣言》《不朽的马克思》《长征之歌》《大鲁艺》《大三峡》《中国记忆》《中国民居》《飞向月球》《中国秦岭：一只金丝猴的记忆》，以及央视首部3D纪录电影《国脉》、院线上映纪录电影《港珠澳大桥》等。

闫东是全国宣传文化系统文化名家暨"四个一批"人才、第九届全国"德艺双馨"电视艺术工作者。10次获得精神文明建设"五个一工程"奖，3次获中国新闻奖，多次获中国广播电视大奖、中国电视"金鹰奖"、全国电视文艺"星光奖"、金熊猫奖、上海电视节"白玉兰奖"等。3D纪录电影《国脉》获得国际卢米埃奖。《孔子》在美国考古频道（TAC）举办的第16届国际电影节上获得最佳电影及最具影响力奖。

"纪录片人是时空的连接者，也是时代的记录者"

早上 9 点，闫东快步走进会议室，主创团队就位，合作伙伴上线，会议开始。

像这样的会，闫东有时一天要开上好几个。多个纪录片项目交叉并进，会议室里新老面孔来来去去，人气散而复聚，大屏幕上切换出不同的片名，互联网的另一端，可能是西安、广州、香港、澳门，甚至伦敦和巴黎。

一个剧组几百号人，各有分工，环环相扣，作为总导演，闫东必须精准把握片子的内容和节奏，为这艘大船"掌好舵、扬好帆"。

在闫东办公室的桌子上，一座座奖杯见证了他在纪录片创作一线 37 年的耕耘。"这是第 11 届中国大学生电视节'大学生赏析推荐作品'——《领航》；这是第 27 届电视文艺'星光奖'——《敢教日月换新天》；第 30 届中国新闻奖特别奖——《我们走在大路上》；还有这个，卢米埃奖——央视首部 3D 纪录电影《国脉》。"闫东拿起沉甸甸的奖杯，向记者介绍着。

一部部热度与口碑齐飞的佳作，让"闫东出品"成为业内公认的重大题材纪录片创作领域的一块"金字招牌"。

在闫东看来，纪录片是历史的刻度，既

2013 年，央视首部 3D 纪录电影《国脉》总编导、制片人闫东在国家博物馆进行拍摄

2021 年 3 月 5 日，《敢教日月换新天》总导演、制片人闫东采访时年 92 岁的原中央文献研究室主任逄先知

2019 年 6 月 24 日，《我们走在大路上》总导演、制片人闫东在北京采访时年 90 岁的"两弹一星"功勋奖章获得者、中科院院士孙家栋

2003年12月5日,纪录片《无声的革命——中国老龄行动报告》总编导闫东在美国纽约采访时年80岁的美国前国务卿基辛格

2008年9月11日,纪念改革开放30周年七集电视文献片《伟大的历程》总编导闫东在北京采访时年88岁的国际奥委会终身名誉主席萨马兰奇

标示了过去,也参照了当下。"这一行最大的特点就是能把历史和今天有机联结,很多职业都做不到,是吧?"他颇为自豪。

回望37年创作生涯,闫东说自己是幸运的。他随改革开放一同走过波澜壮阔的四十余载岁月,见证和记录了中国社会的深刻变化。"我们的国家每向前一步,都给创作带来很多激情和灵感。"

他亲历了中国电视纪录片一路走来,从起飞到繁荣,迎来高质量发展的"黄金时代"。"特别是中央广播电视总台成立以来,积极推动构建'5G+4K/8K+AI'战略格局,技术进步极大地激发了我们的创意思考和探索实践,带给我们不竭的创作动力。"

"认识在发展,技术在进步,队伍在壮大,但纪录片人'为时代立传、为历史存真'的初心永远不变。"

他锲而不舍地探索口述历史的多元表达,使尘封的档案重见天日,重焕青春;他积极构建国家的影像典藏,致力于以国际视角讲好中国故事,为中国式现代化提供来自纪实美学的生动呈现和有力诠释。

闫东的办公室门上曾贴过一副楹联,写着"学舞棒金猴拓路远天重奋志,共白豚戏浪领航瀚海再长征",其中暗含了他的4部作品:《领航》《长征之歌》《中国秦岭:一只金丝猴的记忆》和正在紧张制作的《中华白海豚》。既是对过去的回顾,也是新的奋斗方向。

讲好中国故事,走在时代前沿,"长征永远在路上"。闫东希望,自己的作品能够成为中国纪录片繁花竞放中绚丽的一朵,带着深厚的文化底蕴和温暖的情感力量,绽放在新时代的田野上。

谈重大题材 | 温度传到心里，精神才能落地生根

你率领创作团队，在很多重要时间节点推出了重磅作品。比如 2019 年庆祝新中国成立 70 周年的《我们走在大路上》、2020 年纪念中国人民志愿军抗美援朝出国作战 70 周年的《英雄儿女》、2021 年庆祝中国共产党成立 100 周年的《敢教日月换新天》、2022 年迎接党的二十大胜利召开的《领航》……你怎么看这些重大题材创作？

实际上，每到重大时间节点，都需要一个仪式，回望和反思来时路，从而更好地再出发。重大题材作品是国家话语表达，充分调动一切电视艺术手段，利用先进制播技术和融合传播方式去完成这些作品，对我们总台纪录片人来说，是考验，也是担当。在任何一个节点上，以自己的创作为国家留影、为时代留念，对一个纪录片导演来说都是难得的机缘，也是无上的光荣。幸运的是，我都没有错过。

2022 年 6 月 15 日凌晨，《领航》总导演、制片人闫东在中国共产党历史展览馆拍摄雕塑

中国共产党历史展览馆拍摄现场

这些作品的传播效果也特别好。以《领航》为例，全网触达 55.1 亿人次，登上热搜热榜 125 次。你觉得重大题材作品怎么拍，才能与观众共情？

国家叙事是宏大的，同时又是具体的，更是生动的。国家叙事也是靠我们每个个体不停地思考和实践组成的，要找到个体的、微观的叙事角度，用鲜活的现场、生动的画面去讲故事，而不是给人讲大道理、喊口号。温度传到心里，精神才能落地生根。

谈口述历史 | 采访864位口述者,他们是"活的历史"

《领航》里有一个细节就特别鲜活。在讲到2012年习近平总书记在河北省阜平县骆驼湾村访贫问苦时,使用了村民唐宗秀的采访口述,"我就给猪啰啰啰,他也啰啰啰"。怎样通过口述让片子更具可看性?

唐宗秀老阿姨的这段口述是我们采访的原创内容,还有什么比这样的讲述更生动、更真实?一下子就让我们感受到习近平总书记是一个从真实生活中走来、从人民中走来、从泥土中走来的人,感受到他的理念、情怀和人格力量。事实上,在《领航》的拍摄阶段,我们采访了100多位当事人,还采访了近60位专家学者。最后经过反复比较、斟酌,导演大刀阔斧做"减法",把更多的讲述空间留给了那些有故事的当事人。

2016年7月,纪念红军长征胜利80周年的八集纪录片《长征》总导演、制片人闫东在陕西西安采访时年92岁的老红军万曼琳

说起来,口述历史一直是"闫东出品"的一大特征。2004年央视推出的第一部大型口述历史纪录片,就是你担任总编导的《百年小平》吧?

没错,全片共有105位亲历者参与了讲述。原汁原味的口述,包括一个人说话的语气、动作,都能看出鲜明的个性,更容易把观众带入特定的历史情境。2020年我们做《英雄儿女》,采访了101位志愿军老战士——年纪最小的80岁,年纪最大的102岁,真的是"抢救性采访"。

截至目前,我们累计完成了864位相关历史事件亲历者的口述采访,他们的集体回忆凝成了最精准、最动人的历史表达,他们就是"活的历史"。我们纪录片人是时空的连接者,也是时代的记录者,不是仅止于完成某一部片子的创作,更希望为后人留下历史的记忆。

谈影像发掘 | 挽住一段历史，留住一种精神

要让片子生动可感，除了充分的采访，想必也还要有丰富的影像资料作为支撑？

对。感谢我们总台常年积累、大量收藏的影音资源。像《领航》的导演，创作的第一件事，就是先扎到总台音像资料馆里整整一个月。光《新闻联播》的影像，要是一刻不停地看，得看整整两天两夜，更不要说特藏资源部浩如烟海的未公开影像。不仅要看，还要做笔记，没有这个积累，就难以找到有突破性的影像和声音。

听说你还从国外发掘了不少珍贵档案资料，此前"李大钊生前唯一活动影像"在网上刷屏，这段珍贵的影像我也看过，太震撼了，就是你将它首次搬上荧屏的？

1999年，我担纲纪录片《李大钊》的总导演。李大钊作为马克思主义在中国最早的传播者之一，当时他的影像记录在国内却是空白。我和中国社会科学院研究员李玉贞一起，经过不懈努力，多方查找，最终从俄罗斯保存的档案资料中，找到一段1924年李大钊在莫斯科演讲的珍贵影像。22年后，在《敢教日月换新天》中，我们又通过人工智能（AI）影像修复技术，将其以更高的清晰度重新呈现。

看到珍贵历史影像重生的那一刻，是怎样的感受？

非常激动和振奋。修复好一段影像档案，就等于挽住了一段历史，留住了一种精神。其实，2011年我们在创作庆祝中国共产党成立90周年的《旗帜》时，就对一批残破、老化、濒临绝版的珍贵档案资料进行了抢救性修复。如今，总台"5G+4K/8K+AI"新技术应用实践，更用科技点燃了纪录片创作的新引擎。在《英雄儿女》《领航》《长征之歌》等作品中，我们都大规模应用了数字影像修复技术。

可以看出，你非常重视作品中的"科技含量"？

我始终关注影视创作中前沿技术的应用，力争每次创作都能站立在最新影像技术应用的潮头。比如在《敢教日月换新天》的片头制作中，我们使用了国际上最先进的8K摄像机，它拥有超高分辨率及超宽的色域；在《领航》的创作过程中，我们搭建了先进的4K级影片数据量算力的制作渲染平台。此外还有许多具体的应用。要带给观众更好的视听体验，艺术和技术的融合是必由之路。

谈国际传播 | 是中国主旋律，也是世界主旋律

2023年12月，闫东担任第20届中国（广州）国际纪录片节终评评审团主席

10多年来，你积极拓展国际合作，多部作品登陆英、美、德、法、俄、日、澳的主流媒体平台，其中，《孔子》（国际版）覆盖全球80多个国家和地区；《领航》10集精编短视频版在美国有线电视新闻网、欧洲新闻台、探索东南亚频道等国际主流媒体平台播出，实现了将总台重大题材纪录片投送到美西方主流媒体平台播出的重大突破。你怎么看让中国电视纪录片走向世界？

中国重大题材纪录片是国际文化传播交流中的重量级作品，对于帮助国际观众了解中国历史与文化、了解中国人民和中国经济社会发展具有重要意义。我觉得现在的主旋律纪录片已不只是传统意义上的革命历史题材纪录片，而是体现人类命运共同体理念的纪录片，是中国主旋律，也是世界主旋律，从更深层次上挖掘人类共同的利益、责任和愿望。我们有太多的中国好故事值得讲到国际上去，为国内外观众呈现人类共同的价值和理想。

你和许多国际知名的纪录片团队合作过,《中国秦岭:一只金丝猴的记忆》就是一部中法合拍作品,有没有一些合作经验可以分享?

首先,观念上"和而不同"。比如法方最先拿出的是一个非常浪漫的脚本,我们尊重法国人浪漫的天性,但前提是必须科学,所以我们邀请了西北大学的权威专家担任学术指导。其次,所有事情落实在细节上。2022年春节,我们的团队顶风冒雪扎进秦岭深处,抢拍金丝猴。连线看素材时,法方团队为中方团队精准的镜头掌控力和强大执行力频频鼓掌。真诚沟通、恪守职业精神,是我们共同干事儿的基础。

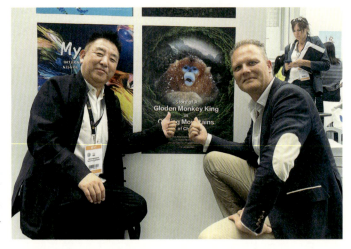

2023年6月21日,《中国秦岭:一只金丝猴的记忆》总导演闫东与法国第三视角制片公司制片人尼古拉斯,在法国拉罗谢尔第34届阳光国际纪录片节上向多国主流媒体机构及制播单位全面推介节目

习近平总书记曾提出"希望广大文艺工作者坚持守正创新,用跟上时代的精品力作开拓文艺新境界"。你怎么理解"守正创新"?

守正创新,"守"的是什么?是我们五千年中华优秀传统文化。习近平总书记在庆祝中国共产党成立100周年大会的重要讲话中明确提出"坚持把马克思主义基本原理同中国具体实际相结合、同中华优秀传统文化相结合",对我启发非常大。比如在《领航》中,我们用航船、灯塔、二十四节气等意象,来体现中国文化的思辨意识和哲学思考。坚持国家站位、世界眼光,通过"思想+艺术+技术"在国际传播中塑造中国与世界各国之间的共同文化记忆。我们期待将更多的好作品带给大家。

> 闲聊两句

重大题材创作常常时间紧、任务重、压力大，但每次看到你，却总是那么神采飞扬、激情洋溢，活力从何而来？

我是在做事当中找快乐，这就是我的职业状态。反正我不怕累，只要不怕累，就能够从中找到愉悦。我喜欢用我的视角和感觉去还原一个内心世界的故事。我创作，我幸福。

平常还有哪些爱好？

读书，或者逛各种各样的纪念馆、博物馆。我觉得我们做导演就是要滋润自己的灵魂，对任何事物永远保持好奇，学习是不受任何时间、空间限制的。我还喜欢听交响乐，听一场好交响乐充的电，够我精力充沛很长一段时间。

也会和家人一起聊聊片子吗？

很少。不过，我儿子会主动去找我的片子来看，还自己去电影院看了我的纪录电影《港珠澳大桥》。他学习插画专业，现在正在读研究生。去年夏天，给了我一个特别大的惊喜，画了一幅油画送给我做生日礼物。

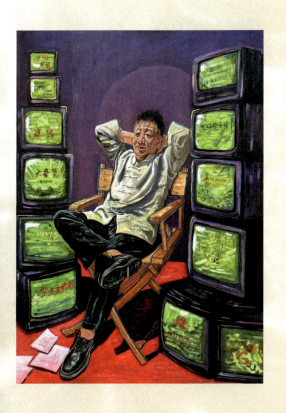

在这幅画中，你坐在一圈电视中间，电视屏幕上都是你的作品，感觉他非常能理解你对电视纪录片事业的热爱。收到这份礼物时一定很感动吧？

非常感动。从小他就知道爸爸老是加班，要么在哪儿出差，要么在哪儿采访。后来他一直在外求学，打电话也常常是叮嘱他一些生活上的事，不会直接把创作作为一个话题，没想到他心目中的爸爸是这样的。他说爸爸就是为电视纪录片活着的人。作为父亲，我其实更多是在孩子成长的大方向上给他一些正能量的引领。我们俩都不太会说一些父子情深的话，但我们有自己的表达方式——用作品，作品就是最大的情感。

记者：孙莲莲

中央广播电视总台社教节目中心文化节目部副主任
纪录片《美术里的中国》《荣宝斋》总导演、《中国书法大会》总制片人

刘帆

深耕文化创作，
总台担当绝不缺席

中央广播电视总台社教节目中心文化节目部副主任，曾多年担任《探索·发现》栏目制片人。先后参与了《中国谜语大会》《花城》《仰韶故事》《李约瑟和中国古代科技》《看见纪南城》《美术里的中国》《荣宝斋》《一代大师李叔同》《陶寺 地中之国》《红色烙印》《中国书法大会》等多项中央广播电视总台重点项目、大型特别节目的研发创作。多部作品先后荣获中国新闻奖、中国广播影视大奖、电视文艺"星光奖"、上海电视节"白玉兰奖"、国家广电总局年度最佳纪录片、年度最佳撰稿、年度最佳导演等奖项。曾获得总台首届十佳制片人制作人称号、总台第二届十佳业务能手称号。

> **" 某一个极小的历史切片所包容的金戈铁马、人事更迭，都无比丰富 "**

近来，很多书法爱好者读碑赏帖、挥洒翰墨的热情空前高涨，一些原本不了解书法的"路人"也开始被这门艺术吸引。这股"书法热"与总台播出的一档大型文化节目《中国书法大会》有很大关联。

这几年，像《中国书法大会》这样的原创文化精品节目持续输出，比如把齐白石的虾、徐悲鸿的马、潘天寿的雁荡山花都"整活"了的《美术里的中国》；比如细数荣宝斋350年传奇历程的纪录片《荣宝斋》。它们一次又一次创造了文化领域的热点话题，引发广泛关注。还有许多几乎与重大考古事件官宣同步推出的大型历史考古纪录片，将考古工程引入大众视野，甚至还掀起了一股"公共考古"的热潮。诸如将陕西江村大墓确定为汉文帝霸陵时推出的《寻找霸陵》，在三星堆新祭祀坑考古发掘成为热议话题时推出的《探秘三星堆》，还有记录甘肃武威唐代吐谷浑王族墓葬群考古发掘的《祁连大墓》。这些口碑极好的文化节目背后，始终活跃着一个人的身影——刘帆。

刘帆的工作风格就是极有条理、干脆利落。这些年，他剪过片子、校过错别字、干过编导、做过撰稿、当过导演和制片人……最佳导演、最佳撰稿、最佳制片人，各种奖拿了不少，但做事风格基本没变，只是更添一份胸有成竹的淡定。闲聊时，他掰着手指数了数正在同时进行中的几个项目，无论数量还是难度，听着都让人备感压力，唯独他依旧淡定，按轻重缓急理得明明白白。

"说实话，这么多年能在历史、艺术、传统文化这些领域创作，我觉得挺幸福的。"不管是书画、历史、考古、非遗，还是历史人物、现当代艺术家，所有这些题材、领域都是他的兴趣所在。

因为工作，他有机会接近那些在岁月长河中烙下印记的文化巨匠、历史名人，从他们的故事中读懂中国，读懂在我们深爱的这片土地上发生的沧桑巨变。因为工作，他有机会和顶级专家面对面交流，听他们求索一生的学术成果，听他们的人生感悟，感受他们对祖国的深情、对这片土地的热爱、对人民的赤诚……刘帆总是希望能把自己从这些学者大家处收获的知识，用更通俗的表达方式，借助电视的力量传递给大家，让更多人理解中国。这是他做文化节目的初心。

"能一直专注地做自己喜欢的文化类节目，是总台给我的机会。这种幸福，需要用更多的努力去回报，这种幸福也让我有更大的干劲去创新。这应该算是这些年我做节目的一个感悟吧！"

谈书画题材节目 | 要对得起"总台出品"四个字

2023年,《中国书法大会》主创团队合影

先来聊聊你的作品吧。比如纪录片《荣宝斋》,以书画为线,串联起37位中国顶级艺术大家,尽显"江山如画里,笔墨竞风流"的艺术气象。作为总导演,你是如何做到让观众透过笔墨纸砚、诗书画印走近中华优秀传统文化的?

在谈到如何才能讲好中华文明故事时,习近平总书记指出"要讲清楚中国是什么样的文明和什么样的国家,讲清楚中国人的宇宙观、天下观、社会观、道德观"。总台成立后,对于中华优秀传统文化的宣传持续发力。近几年,我们承担了很多由总台台长慎海雄点题的项目,像《美术里的中国》《荣宝斋》《中国画派》《韩美林》,还有一些考古类项目,如《沙丘下的宝藏》《乌程汉简》《祁连大墓》(第二季)等。我希望这些节目有格调、有品位、有思想,能让观众感受到可信可爱可敬的中国形象。

2022年是荣宝斋创立350周年,4月中旬我们接到任务,要制作5集纪录片,计划7月播出,时间很紧。总台一直倡导"思想+艺术+技术"的创作理念,而我拿到一个题目,最先要确定的就是思想高度。通过荣宝斋,我们到底想讲什么?我很明确,就是要讲中华文化赓续不绝的密码!荣宝斋作为百年老店,能够历久弥新,核心是一种文化血脉的延续。思想定了,艺术上,节目组多路出击,采访了30多位中国顶级美术大家、书法大家,请他们深情讲述荣宝斋与中国美术家、书法家一百多年来的深厚情谊。再结合我们精心拍摄的荣宝斋斋藏佳作,让观众感受到艺术之美。最后,技术是我们每个电视人必须擅长的功夫:镜头拍摄、灯光布置、解说采访、音乐剪辑等。有了这些,片子的模样就有了。

刘帆在贵州榕江拍摄当地手工艺品

刘帆与艺术家韩美林先生沟通拍摄细节

《美术里的中国》一经播出，就因为利用数字技术活化传统美术经典，让齐白石的虾、徐悲鸿的马这些经典形象"跃然纸上"而登上热搜。你当时是怎么想到这种创作手段的？

2019年，我们接到总台台长慎海雄指示：策划一档聚焦中国近现代美术经典的节目，就叫《美术里的中国》。一接到任务，我想，一定要将新技术融进纪录片中，这也是"中华优秀传统文化创造性转化、创新性发展"的体现。所以我决定《美术里的中国》的第一分钟，就要让大家以一种从未有过的方式来欣赏美术经典作品，我们要通过最前沿的电视技术对画作意境进行创新性表达。

让画作动起来，也不能乱动，过犹不及。做潘天寿《记写雁荡山花》时，我们需要一个主观镜头穿行于山花丛中。最初我们的设计是以蝴蝶的视角来进行。但我们发现，潘天寿先生以"强其骨"闻名，雄强的他很少画蝴蝶这种蹁跹的物象，所以最后放弃蝴蝶，确定了蜻蜓。

节目里既要守正，又必须创新，任何一个小细节都不能马虎，很多期《美术里的中国》头一分钟的动画都是我们两三位主创反复琢磨、讨论，甚至亲自画出分镜，才最终完成的。

《美术里的中国》展现的是近现代中国美术最经典的作品，如果电视表达陈旧粗鄙，就对不起"总台出品"这块金字招牌，也配不上一幅幅佳作。所以不管是动画制作、音乐使用、镜头设计、解说词的文字推敲，还是海报的配色，任何呈现在观众面前的东西，都必须是有美学追求的，必须是美且高雅的。

筹备《中国书法大会》期间，刘帆登门采访书法家张海先生

已故书法家沈鹏先生曾多次为总台节目出谋划策

你作为总制片人主创的《中国书法大会》受到业内外的好评不断。书法类节目此前鲜有，如何让一个"静静写字"的节目变得有意思？

2022年2月《中国书法大会》项目启动，我们多次请专家讲课普及书法知识。3月开始，我就和总导演王珊反复讨论，最终确定了现在这种"经典碑帖赏析＋文艺表演＋现场书友互动、临帖书写"的节目形式，解读18件（组）中国书法史上的经典作品。为了让节目生动、有参与感，总导演王珊想了很多有趣的主意，比如现在广受好评的"点赞章"，等等。

书法不是简单的写字，它蕴含着中国人的精气神。创作《中国书法大会》是我们电视人对文化先贤的致敬和对中国书法文化的传承。我一直认为文化节目的功能并非臧否和评判，而是通过节目让大家接近经典、熟悉巨匠。看完书法大会，如果大家会欣赏书法，能感受经典书法作品好在哪里，了解中国书法的笔墨传统是什么，中国书法中包含的精气神是什么，我们的目的就达到了。

谈历史和考古题材纪录片 | 绝不缺席、绝不遗漏

从 2017 年接手《探索·发现》至今，身为这档名牌栏目的总负责人，历史和考古题材纪录片的创作是你工作的重要部分。你怎样看待这个题材的创作？

历史题材的创作是很有趣味的。我从小生活在西安，家旁边就是香积寺，小时候常去寺里的香积寺塔玩，后来上学背过王维的《过香积寺》："不知香积寺，数里入云峰。古木无人径，深山何处钟。泉声咽危石，日色冷青松。薄暮空潭曲，安禅制毒龙。"学了这首诗，我才开始对小时候觉得生活中毫不出奇的地方有了深一层的理解。再后来，读历史才知道公元 757 年，香积寺附近爆发了香积寺之战。同一个地方，王维作诗和香积寺之战爆发前后相距十几年，一个深山古寺、禅意深远，一个马革裹尸、悲壮惨烈，这种历史的变幻之处让我震撼，也让我对制作历史类纪录片产生了浓厚的兴趣。

"望西都，意踌躇。伤心秦汉经行处，宫阙万间都做了土。"某一个极小的历史切片所包容的金戈铁马、人事更迭，都无比丰富。历史类节目值得深耕、值得挖掘，但需要找到很巧的角度，以宏阔的视野、多样的表达、平实准确的叙述，让观众走进历史，感悟历史。

进入三星堆新祭祀坑发掘现场，刘帆（右）与蔡一帆（左）同所有工作人员一起，必须身着工作服，戴好口罩和头套

作为《探索·发现》总负责人，刘帆与制片人蔡一帆带队驻守在三星堆考古现场考察，为观众全程记录下三星堆新祭祀坑科学发掘始末

刘帆正在拍摄《探索·发现》
栏目《匠人·匠心》系列节目

刘帆赴龙门石窟古阳洞拍摄《探索·发现》
栏目《龙门石窟修复保护纪实》节目

考古项目那么多,《探索·发现》的选题标准是什么？听说有的节目一拍就是好几年？

《探索·发现》的考古纪录片已然形成了自己的品牌，我一直要求大家，《探索·发现》绝不缺席每一次重大考古发掘，绝不遗漏考古学重大成果。像海昏侯墓的抢救性发掘、三星堆新祭祀坑考古，我们都全程跟进。三星堆探查发现新祭祀坑，我们第一时间得到消息，发掘还没有开始就已经和考古队紧密对接，确定拍摄计划。2021年一整年，我们的摄制组几乎没有离开过三星堆发掘现场。

《寻找霸陵》这个项目《探索·发现》持续关注了20年。从2002年美国拍卖会惊现汉代陶俑就开始跟踪拍摄，直到2022年，江村大墓终于被确认为汉文帝霸陵，才尘埃落定。2023年，有关霸陵考古的最新进展，《探索·发现》仍在持续推出节目。2023年还经历了秦昭襄王陵的发掘，这是目前唯一获批的王陵考古发掘，我们已开始独家全程拍摄。其实，像三星堆新祭祀坑那样集中一两年发掘完的情况不多见，大部分系统发掘的考古项目都要持续十几年甚至几十年，持续关注这些项目是我们创作的常态。

谈创作日常 | 纵有山重水复，更见柳暗花明

这些年创作了大大小小那么多节目，你有没有感觉难到做不下去的时候？

太多了！进台20多年，每一个新的挑战都让我得到历练。没有任何一个岗位、没有任何一个项目是白做的，当然，也没有任何一次积淀不是为了未来花开而做准备的。

近几年每一次当我去主导创作时，都会感觉前人把能走的路都走完了，我们已经到了无路可走的困境。但每次都会在和同事们的共同努力下，碰撞出新的表达、新的亮点、新的突破。想起这些灵感迸发的时刻，我都心潮澎湃。

刘帆在英国剑桥大学拍摄纪录片《李约瑟和中国古代科技》

要兼顾日播节目《探索·发现》、季播节目《美术里的中国》、特别节目如《中国书法大会》，还有《荣宝斋》《一代大师李叔同》等纪录片项目，还有自己的时间吗？

当然有！我爱好很多的。我喜欢潜水，是持证的开放水域潜水员，但近几年一直没下水，估计水平退化严重；我喜欢小动物，家里有两只柴犬。2022年我开始"撸铁"健身，现在已经坚持两年多了，每周三四次，主要是希望有好的体力精力，不变成"肥嘟嘟的中年胖子"。作为电视人，当然少不了"追剧"，纪录片、电视剧等，我都爱看。

当然我也喜欢看书，因为工作中需要补充的知识太多了，所以每天坚持看书学习，否则真是底蕴不足、底气不够。但我觉得被工作"逼"着去学自己喜欢的内容，也是挺幸福的事。

闲聊两句

书画大家的废纸篓,真如传言一样有"漏儿"可捡吗?

还真有可能。画家书法家创作得不满意,直接揉成一团扔掉很常见。画家史国良老师就谈过,他家附近收废品的人对于小区里书画家的垃圾情况特别清楚,这是史国良家的,那是冯远家的……每天留意,时时关心。不知道这是不是史国良老师开的玩笑。

你也是熬夜型创作者吗?

放在十年前,为了工作两三天没睡过很正常。现在没有那么能熬了,但如果突然告诉我,有创作任务,需要加班,24小时不睡觉是没有问题的。

记者:李冰　中国电视报

打造爆款，
靠"大家"格局与工匠精神

中央广播电视总台总编室综合频道节目部副主任。作为节目总导演和主要负责人，制作了《典籍里的中国》《故事里的中国》《山水间的家》《非遗里的中国》《宗师列传·唐宋八大家》《简牍探中华》《美美与共》《古韵新声》《中央广播电视总台 2019 主持人大赛》《开学第一课》《挑战不可能》等节目。他制作的节目曾荣获精神文明建设"五个一工程"奖，两次获得"亚广联奖"，三次获得上海电视节"白玉兰奖"，三次获得全国电视文艺"星光奖"等。带领团队获得广电总局五一劳动奖状、总台年度"青年文明号"等荣誉称号。

中央广播电视总台总编室综合频道节目部副主任
《典籍里的中国》《山水间的家》总导演
《非遗里的中国》《宗师列传·唐宋八大家》总制片人

卢小波

Lu Xiaobo

> **"所有的敬畏与付出，都能在荧幕上得到见证"**

参天之木，必有其根；怀山之水，必有其源。2023年，中央广播电视总台央视综合频道诞生一款挖掘中华优秀传统文化源头活水的爆款节目——《宗师列传·唐宋八大家》。

每期节目90分钟，将唐宋八大家的文章与事功、境界与抱负一一呈现，堪称一部看点丰富、知识点密集的文史百科，为习近平总书记指出的，"着力赓续中华文脉、推动中华优秀传统文化创造性转化和创新性发展"写下生动注解。

综合频道一直是精品文化节目的荟萃之地，《宗师列传·唐宋八大家》《典籍里的中国》《山水间的家》《非遗里的中国》《简牍探中华》《故事里的中国》《美美与共》《古韵新声》……这些节目的幕后名单上总有同一个名字——卢小波。

一路走来，卢小波和团队在总编室和综合频道领导指导下，以"匠心"守"初心"、育"创新"。功夫不负有心人，所有的敬畏与付出，都能在荧幕上得到见证。

在卢小波和团队制作的节目里，我们能看到总台溯源民族根魂，筑牢文化自信的格局。正如《典籍里的中国》，把一部部典籍搬上电视荧屏，让一位位古圣先贤走进千家万户，让观众感受传世名篇里蕴含的中国智慧。我们也能看到秉持匠心、打磨精品的精神，一如《宗师列传·唐宋八大家》，从策划到制作完成历时两年，打造近200个恢宏的实体场景、近2万平方米的舞美陈设，即便是只有两三句台词的小角色，也有长达两页纸的人物小传。他制作的节目用镜头对准百姓，传递现实温暖的关怀。《山水间的家》中，一张张朴实的笑脸，折射出乡村振兴带来的巨大变化，映照出绿水青山带来的惬意生活。在卢小波和团队制作的节目里，更能看到应用全新技术，提升视听效果的新意，比如《古韵新声》通过AR、XR技术进行文物展演，助力展现历史文化内蕴，让宝贵遗产焕发时代新生。

在采访中，卢小波多次提到"不忘初心，讲好新时代的中国故事"，这个信念已经深植于他的创作。"希望我们的节目能具有赓续文化根脉的作用，能够展现厚重中华优秀传统文化的底蕴，让观众在享受视听精品节目的同时，深入了解、感受中华优秀传统文化所蕴含的时代价值和精神力量。"

谈《宗师列传·唐宋八大家》|"访古"是为了更好地"论今"

卢小波在《典籍里的中国》策划会

中华文明上下五千多年,"最强文化天团"不胜枚举,为什么会选中唐宋八大家?

首先吸引我们的是思想性。习近平总书记在讲话和文章中多次引用唐宋八大家的文章。如韩愈的"根之茂者其实遂,膏之沃者其光晔",苏辙的"去民之患,如除腹心之疾",欧阳修的"得其大者可以兼其小",等等,宗师的精神力量泽被千年,有极为深刻的启迪意义。

然后是他们的代表性。唐宋八大家是唐宋文化的代表和集大成者,他们使诗文的面貌焕然一新,是中华文学史上承前启后的关键人物。跟随他们的脚步,不仅能够一睹先贤风骨,见证传世名篇诞生的伟大瞬间,更能领略唐风宋韵,深入体会中华优秀传统文化的无限魅力。

同样重要的还有他们和观众生活的贴近程度。唐宋八大家的很多作品曾是中小学语文课的背诵内容,如韩愈的《马说》和《师说》,柳宗元的《江雪》、欧阳修的《醉翁亭记》、苏轼的《赤壁赋》等。他们的文字,我们耳熟能详,但往往对他们经历了怎样的人生际遇、在什么心境下完成创作不甚了解。节目对八位文化宗师的人生故事进行"再唤醒、再挖掘、再认知、再补充",引导观众结合人生经历去体悟、共情,所谓"当时不懂句中意,读懂已是句中人"。

将人物故事与千古名篇关联，讲述名篇背后的创作故事，从而了解人物的心路历程，如何坚持这种"以人物为本"的创作思路？

唐宋八大家的故事极具代表性，我们认为通过鲜活的人物去讲历史，是最有温度的，也是最生动直观的。因此，节目里出现了非常丰富的历史人物关系和历史细节。除了宗师本身，他们的"亲友团""关系网"也被呈现得非常丰满。如《韩愈篇》的挚友孟郊、赵德等，《柳宗元篇》的挚友刘禹锡、母亲卢氏等，《欧阳修篇》的忘年之交范仲淹等。探访团从"关系网"着手，逐步描摹宗师的人生经历和人物画像，最终得见宗师本人，接近宗师精神的核心，观众也得以看到一个全面、立体的宗师形象。

"古今双向穿越"的设计是节目的核心巧思，能否展开讲讲这个创意？

节目中，我们做了一些趣味性的设计和尝试，主持人撒贝宁组建"文脉探访团"，穿越千年，开启第一视角。在《韩愈篇》中，探访团来到唐代长安最著名的"东西市"，品尝唐朝举子最爱的"网红美食"马蹄饼。我们基于史实设置了更多戏剧冲突——安排撒贝宁上演戏中戏，扮演小兵混进军营，一睹韩愈平定藩乱的重要历史时刻。这些有趣的设计和客观的第三方视角，让观众体会到重回历史现场的沉浸式代入感。

宗师穿越到千年后的现代，更是点睛之笔。这一刻，宗师感受的不仅是家国民族千年的进步与发展、建设与成就，更是中华文脉流淌千载而绵延不绝的伟大力量。我们始终认为，"访古"是为了更好地"论今"。如《柳宗元篇》中，柳宗元来到现代柳州品尝螺蛳粉，看到千年前自己为除湿推广的一碗螺蛳汤，如今已成为造福一方百姓的"发家致富粉"，感慨万千。中华优秀传统文化传承千年，赓续绵延，在古今交汇的这一刻，有了震耳欲聋的回响。

节目中的每个环节都有据可考、有史实可查，这一点你和团队是如何做到的？

我们邀请了国家文物局、中国历史研究院等院校机构的近百位专家学者，在文学、史学、服装、美术、礼仪等不同领域，针对各个细节层层把关。在美术设计和置景方面，节目组搜集了大量古画和文物作为形制参考。道具制作时，以敦煌壁画的色彩作为基准，尽最大可能去还原唐宋古画、壁画中所呈现的环境质感。在造型设计过程中，节目组在资深服装历史专家和顾问的指导下，进行了长达6个多月的前期准备，查阅大量古籍资料，进行了上千款造型设计和上万套服装方案的尝试，最终才确定了节目中我们看到的效果。

谈《山水间的家》| 拍出山乡巨变里的诗意与远方

《山水间的家》是近几年最成功的文旅探访节目之一,"火"了节目,"红"了村庄,节目成功的关键是什么?

首先是真,每到一个乡村,都真正沉入劳作中去,沉入百姓的生活中去。有了真实体验,才会有真实鲜活的化学反应,才能讲好故事。

其次是通过小切口反映大时代。节目选择了从普通人的故事切入,人是绝对主角,村民投身乡村建设、助力乡村振兴的精神风貌和动人故事,是节目内容呈现的重点。

最后,"绿水青山就是金山银山"的理念是节目要体现的精神价值,它贯穿节目创作始终,烙印在我们对"山美、水美、人更美"每一分每一秒的呈现里。乡村风光是美的,小桥流水、星河璀璨;劳动丰收是美的,粮食满仓、鱼虾满筐;山水间的人也是美的,家庭和谐、人民淳朴。

大型文旅探访节目《山水间的家》录制过程中

《山水间的家》注重乡村文化意境的诗意呈现,如何去探寻乡村的文化根脉?

"山水间的家"五个字本身就很有诗意,让人感受到诗画般的美好——青山绿水、暖暖人家,意境悠然,给人极强的画面感。节目有两个关键词,"乡村蝶变"与"诗意栖居",所以我们格外注重对当地文化气息的呈现。

在节目内容分配上,一方面要体现山水间的劳作,另一方面则着重体现乡村文化。比如,第二季拍摄的江西双井村,是北宋著名诗人、书法家黄庭坚的故里,人文历史底蕴丰厚。我们就以书法文化和茶文化为线索,通过嘉宾采茶、与黄氏后人一起筹备双井村百人家宴,将村子的文化脉络融进整期节目。

《山水间的家》展现了很多年轻的返乡创业者形象,这出于何种考虑?

乡村振兴的结果最终是反映在人的身上。在节目策划之初,我们就提出了要求:真实聚焦乡村振兴里的青春力量,聚焦这些年轻的致富带头人、回乡创业青年,他们身上有乡村振兴的未来。

我们着重在"新农人"形象的描绘上增加了笔墨,如广东励志新村的黎颖钧,大学毕业后回到家乡,引进植保无人机等设备,大幅提高了水稻产量,她的努力展现了年轻一代的闯劲儿。"新农人"身上展现出的新气象具有振奋人心的力量。

卢小波在《宗师列传·唐宋八大家》录制现场

《山水间的家》中的诗词、《宗师列传·唐宋八大家》里的美文频登热搜,你希望自己制作的节目能传达出什么样的国学魅力?

山水之中蕴藏着数不尽的文化之美,像我们打小熟读的"采菊东篱下,悠然见南山""开轩面场圃,把酒话桑麻",写的是中国人心中对于山水田园的向往。而我们也竭尽所能,将"诗和远方"在节目中呈现。《宗师列传·唐宋八大家》更是以脍炙人口的经典名篇为线索,探寻文化宗师的传奇人生。两档节目都邀请文化学者,以文化知识的专业输出来保证知识内容的丰富性,同时以新颖的节目形式和浅显易懂的语言,让国学魅力润物无声地传递给观众,实现节目的破圈传播。

谈节目创作 | 团队强大意味着创新会越来越多

制作大型季播节目前，你有十年的调查记者经历，当记者与当制作人有什么不同？

我曾在《经济半小时》栏目做了十年的调查记者。这十年对我的影响很大，一是锻炼和提高了我的业务能力，二是培养了我的新闻情怀。那段时光，大家都有一腔热血，怀抱着促进社会进步的新闻理想。后来当我开始制作一些大型节目，相似的理想情怀始终鞭策着我——我的节目一定要有价值、有精神。

从记者到制作人，最大的不同在于思考和管理方式发生了很大变化。记者一般是单打独斗，独立性很强。制作人不一样，尤其是大型季播节目的制作人，需要统筹和管理的可能是几百人的团队。同时，制作人还要考虑发现人才，给予这些人进步空间。

卢小波（右三）在《古韵新声》录制现场

你创作的精品节目非常之多，其中哪一档节目的诞生之路最艰难？

《典籍里的中国》是总台台长慎海雄直接命题、策划推动的，他对中华优秀传统文化和典籍十分重视。创作这个节目的难点有三。首先，我们要找到一个合适的方式，将晦涩难懂的典籍进行创新性呈现。仅仅是寻找这个模式就花了将近11个月的时间，加上后期制作，历时两年有余才播出。其次，《典籍里的中国》进行跨界融合创新，采取了"戏剧+影视化+文化访谈"的呈现形式，而戏剧和影视化都不是我们的强项。所以，我们邀请了这方面国内顶级的人才参与协作，电影级的质感也保证了节目质量。再次，我们要保证节目的严谨性，做到有据可查、有史可依，因此每一集剧本的创作都极为艰难。

卢小波在《典籍里的中国》第二季杀青后留影

卢小波在《典籍里的中国》之《楚辞》拍摄现场

你和团队推出的自主原创节目模式,已经成为总台的宝贵财富,未来会如何继续创新之路?

创新之路是无止境的。目前,我们的大型季播节目《非遗里的中国》《山水间的家》《典籍里的中国》《简牍探中华》《宗师列传·唐宋八大家》《美美与共》都已分别拥有独立的团队,团队的强大,也意味着我们的创新会越来越多。接下来我们会锻炼和培养更多大型节目的独立制作团队,力争百花齐放、万紫千红。2024年,在做好这些季播节目的基础上,我们还将拓宽渠道和类型,推出新的文旅类和竞技类节目。

闲聊两句

唐宋八大家中你最喜欢哪一位?

八位宗师、八种人生、八种境界,皆可深度挖掘、细细品味。一定要选,我会选择苏轼。有人崇敬他"竹杖芒鞋轻胜马"的豁达和"诗酒趁年华"的洒脱;有人向往他虽"寄蜉蝣于天地",仍怀明月清风的宏阔;也有人偏爱他箬笠木屐,和贩夫走卒谈笑风生的率真。他的人格魅力不仅在于才华横溢、博学多才,更在于具有高尚的品德、独立的思想和坚忍的意志。在我看来,苏轼是"治愈系"的存在,可以治愈精神内耗。

听说《宗师列传·唐宋八大家》中,蒙曼和谷曙光两位嘉宾戴着眼镜"穿越",这个特殊设计背后也有一段小故事?

最初,我们想说服嘉宾不戴眼镜出镜,不过出于对嘉宾习惯的尊重,还是首先尝试了一下戴眼镜的效果,结果有意外惊喜。当嘉宾扮好古装、融入实景后,眼镜这个与古代场景格格不入的元素成了一个极具现代性的特征,契合探访团由今访古的设定。这个设计也引发了网友广泛讨论,无形之中为节目增添了趣味和话题度。

记者:韩平

进取者

浩渺行无极,扬帆但信风

中央广播电视总台综合频道主持人
主持总台 2021 年、2023 年和 2024 年春晚,《简牍探中华》,《中国诗词大会》

龙洋

从《中国诗词大会》到总台春晚,梦想不负赶路人

中央广播电视总台综合频道主持人。获得第 21 届全国青年岗位能手、总台十佳电视播音员主持人、总台首届青年英才、建党百年宣传报道记功个人等荣誉。

主持庆祝中国共产党成立 100 周年大型情景史诗《伟大征程》暖场演出,总台 2021 年、2023 年、2024 年春节联欢晚会等重大晚会,《简牍探中华》《非遗里的中国》《美美与共》《中国书法大会》《中国诗词大会》等大型文化季播节目,广受好评。

Long Yang

"忘记小我，成就舞台角色的大我"

中央广播电视总台成立6年来，这艘当今世界体量规模最大、业务形态最多、覆盖范围最广的综合性国际传媒航母扬帆启航、乘风破浪。

在总台《2023年春节联欢晚会》上，龙洋凭借大气的台风、甜美的笑容，让全国人民牢牢记住了这位青春而又稳健、端庄而又热情的新生代总台主持人。

6年来，从主持《中国诗词大会》，到总台春晚，到庆祝中国共产党成立100周年大型情景史诗《伟大征程》暖场演出，再到出色完成《简牍探中华》《非遗里的中国》《美美与共》《中国书法大会》《开学第一课》《中国中医药大会》等重点节目的主持，龙洋搭乘总台航母，与时俱进，奋力前行。

在国家体育场，龙洋从容"指挥"两万多名现场观众，或高声同唱，或欢呼鼓掌，为《伟大征程》盛大启幕营造热烈氛围，观众感叹"总台主持人果然不一般！"。在《中国书法大会》的录制现场，谈及书法家故事，龙洋侃侃而谈，专家点赞"是半个专家！"⋯⋯

新时代为中国青年提供了创业圆梦的广阔天地，龙洋以时不我待的精神、不忘初心的热忱、精益求精的毅力、不懈的学习动力，在对不同节目的驾驭中，展现出过硬的专业本领。

她把每一次主持都视作与观众心灵的交流，投入并且享受创作的台前幕后，从了解选手资料、挖掘人物故事到设计互动内容、调动现场情绪，主持内外，她专注地做着各项准备。

2023年听障选手于淼再次入选《中国诗词大会》百人团，他登上舞台后兴奋地追问："龙洋姐姐，你还记得我吗？第五季我来过，你当时说的那番话我到现在都记得！"

三年前一段暖人心脾的话一直激励着内向的听障少年："暴风雨结束的时候，你可能不确定，自己是怎么活下来的，你甚至不确定，暴风雨是不是真的结束了。但有一点是可以确定的，当你穿过暴风雨，你就早已不再是从前的那个你。"

看着自信阳光的于淼，龙洋备感欣慰，更加坚信："一缕微光就可以照亮他人前行的路，我的工作能创造价值！"

谈春晚主持 | 展示总台人的精气神

2023年春节期间，173个国家和地区的1000多家媒体对中央广播电视总台《2023年春节联欢晚会》进行了同步直播和报道。作为一道红红火火中国年的文化大餐，总台春晚成了世界对于中国的文化记忆。作为总台春晚主持阵容中的一员，你有什么样的感受？

使命光荣。春晚是中国人向世界讲述中国故事的一张金名片。

从看着春晚长大到成为春晚"画中人"，真是"幸甚至哉"！而作为一名总台人，我们有幸见证和记录祖国发展巨变中的重要时刻，更要展示好新时代中国人的精气神，中国青年的精气神！所以一直想着慎海雄台长说的要"心无旁骛"，忘记小我，专心致志投入创作，成就舞台角色的大我！

2023年是你第二次登上总台春晚的舞台，心态上会轻松一些吗？

其实不会。这样一个陪伴全球华人辞旧迎新的现场直播之夜，注定是让人热血沸腾的，于主持人而言必须加倍小心，加上这次我是女声中第一个开口的，所以对自己语调、音色、台词、仪态、神情的要求都比从前更高。

2023年春节，龙洋第二次登上总台春晚舞台

龙洋随《简牍探中华》的里耶秦简"穿越"回大秦

有网友评价"这个春节发现了总台主持人龙洋的魅力，在总台兔年春晚的舞台上，龙洋的出现让人眼前一亮，温暖、大气、美丽又有才气。"其实，你在春晚舞台上服装的讨论热度也很高。在服装选择上有什么小设计吗？

我认为服装是主持人精神的外化，是无声的语言，也是节目的重要内容。

兔年春晚主题是"满庭芳"，所以我选的服装都与"花"有关：第一套以中国红为主色调，装饰各种花束，配合开场词"花开富贵，锦绣中华"；第二套旗袍以素雅的白色为主色调，图案为蝶舞锦簇花团，与国风节目《满庭芳·国色》相呼应；第三套采用轻盈的纱质材料绣立体花朵，在新年钟声敲响时，配合台词"想送大家一朵迎春花""迎得春来非自足，百花千卉共芬芳"。这样就让服装紧扣晚会主题，营造"花开种花家，欣迎同心年"的春节氛围。

参与总台2023年春晚，最大的挑战是什么呢？

最大的挑战就是春晚前序彩排时间和《中国书法大会》《中国诗词大会》录制时间重合，必须多线并进，还要保证"三"全其美。当时精力、脑力、体力都到了极限，因为得连续作战，最后是30天时间内完成了18场录制，每场主持时长都在5至8小时，体重掉到了92斤。一开始化妆师还会用深色修容，到后来想方设法用高光来提亮，因为瘦太多，要保持住脸形。经历这"三场硬仗"的考验，我也积累了打硬仗的经验，提升了抗压能力。

谈 "高光时刻" | 《伟大征程》中的硬仗

在庆祝中国共产党成立100周年大型情景史诗《伟大征程》中你担任了暖场环节的主持人。有网友评价说，能在鸟巢这样一场高规格且不容有误的文艺演出中担纲主持，是龙洋的"高光时刻"。接到这个任务时，心中有没有打过退堂鼓？

从来没有。能有这样一个机会与几万名观众面对面交流，真是太激动了！作为舞台上唯一一名总台主持人，而且我还是党员，一定要去！"舍我其谁、敢战必赢"，这是总台人的工作作风。

作为庆祝中国共产党成立100周年大型情景史诗《伟大征程》暖场主持人，龙洋一次次被现场观众的热情感染

在这次工作中，遇到什么困难了吗？

第一次带观众预演时，我的主持台本中只有开场词和13首歌曲的曲名，按照报幕员的方式进行流程串联，结果现场气氛比较冷，观众互动积极性不高。

预演结束后，我们进行复盘商讨，我提议了两点：第一，能否更换主持区域，因为观众需要"看见"主持人；第二，能否增加台词，创造互动，用语言做"指挥棒"，观众同样需要"听见"。意见被采纳了。

结合之前主持《全国大学生党史知识竞答大会》时做的功课，在与专家求证后，我将一些党史故事、现场互动融入歌曲介绍的串词中。

第二次预演时，看到近处的观众一边听一边点头，我的心终于稳了，场子明显暖起来了。回想起来，是总台给了我随机应变、执行到位的底气。

参演庆祝中国共产党成立 100 周年大型情景史诗《伟大征程》大合唱节目，前排中为龙洋

作为暖场环节的主持人，对控场时间的要求通常严格到秒，这给你的工作带来了哪些难题？

第二次预演，导演突然告知一个节目临时取消了，空出两分多钟需要补词。

得益于春晚和日常新闻直播的历练，我在控场控时方面积累了一定的经验。当时还剩 5 首歌，我果断选择了在《南泥湾》演唱前的串联环节来填补空白。这是一首家喻户晓的经典老歌，它背后的故事也是大家耳熟能详的，于是我借用《中国诗词大会》里的经典题型描述线索题，迅速组织语言，将相关背景知识编成三条线索，引导观众猜出歌名。

当大家一起喊出"南泥湾"时，气氛活跃了，知识重温了，时长也补足了，演出也得以顺利进行。

这次的主持经历让我终生难忘。至今仍记得《伟大征程》的最后一个节目，我和所有演职人员站在舞台上，同全场观众一起大合唱，唱到热泪盈眶！那种排山倒海的气势、万众一心的共振，每次回想起来都血脉贲张。那一刻，我是无数浪花中的一朵，我们共同汇成了大江大河，把对党、对祖国爱的告白大声唱了出来！

谈成长之路 | 直挂云帆济沧海

龙洋身着中式礼服裙亮相《中国书法大会》第一季

你还记得第一次作为主持人登上《中国诗词大会》舞台的感受吗？

百感交集！让我又兴奋，又震撼。

当时看到百人团，我一下子兴奋起来了，对驾驭现场跃跃欲试。但等到真正主持完一期，我被震撼了，原来诗词不是倒背如流就可以的，诗词背后的历史我们知道多少，诗人的生平遭际怎么样，当时的社会生活又有多丰富……还有很多需要去了解掌握的。

通过主持这一季《中国诗词大会》，我明白了要主持好这样的大型文化节目，需要做大量的准备工作。知识储备只是第一步，看待问题的角度、调动选手的能力、对话嘉宾的智慧、推动流程的技巧、语言表达的修炼等都需要精益求精，所以《中国诗词大会》帮助我明确了前行的方向。

主持这样的大型节目，难度可想而知。一面是学富五车的点评专家，一面是来自五湖四海、各行各业的诗词达人，面对他们，你做了哪些准备和自我提升？

首先是重视平常的学习积累，这是源头活水；其次是多联想多思考，产生自己的观点、见解。比如，有一题请选手用诗句形容《西游记》中孙悟空拜师学艺的场景，答案是李白的一句诗。对此我有感而发："其实李白和孙悟空很像，两人都是天纵奇才，都特别的骄傲，一个是谪仙人，一个是齐天大圣，两人都想做大官，但都没做成，最后都为了追求自由付出了巨大的代价。"这段互动打开了老师们的话匣子，也得到了很多观众的喜爱。

再一个就是总结升华的能力，主持人要根据现场嘉宾们的点评内容，说出合情合理的收束话题的金句。比如，有一次嘉宾老师讲到苏炳添破亚洲纪录的壮举和背后的励志故事，我结合这一集的主题词"燃"，总结说："苏炳添的故事恰恰道出了'燃'的真理，燃点只在一瞬，但是点燃这一刻，功力在平生。"现在想来，这段话也适合激励我自己。

主持《中国诗词大会》，与学者康震（右一）、蒙曼（右二）品读中国诗词文化

总台实施"满屏皆精品"战略,在打造文化IP方面,连续推出多档精品文化季播节目。你参与主持了《非遗里的中国》《大师列传》等节目,有什么难忘的故事吗?

于群峰之上,更觉长风浩荡。总台会带你看到高山,看到大海,看到天下。《非遗里的中国》是文化体验类节目,我们走出演播室,走进各地的历史文化街区,也走进非遗传承人真实的生活。

在福建录制时,福船的"水密隔舱"非遗技艺让人震撼,它不仅在郑和下西洋的宝船中发挥重要作用,还传至当代,被创新运用于南极极地科考船"雪龙2"号,成就了了不起的大国重器。

在录制《大师列传》中,我有幸访谈92岁高龄的中国书法大家沈鹏先生(已故),在发现沈老写的诗里化用了陶渊明的句子时,我即兴表达了出来,他很兴奋地说:"你听出来了,就是这个意思!"然后开始滔滔不绝地讲述对诗词和书法的理解与热爱。原定一个半小时的录制时间一延再延,最后录制了4个多小时,老先生意犹未尽。

节目播出后,反响很好,沈老也很满意。

其实不仅是这两档节目,"总台出品""总台创造"都为我们提供了宝贵的机会,向历史学习,向生活学习,致敬经典,讴歌时代。我们应该按照总台台长慎海雄要求的,常喝理论"墨水",常沾基层"泥水",常流苦干"汗水",珍惜总台荣誉,"沉得下心、扛得起活",不忘初心,扬帆远航。

龙洋在《大师列传》节目中采访92岁的中国书法大家沈鹏先生(已故)

龙洋在《非遗里的中国》福建篇录制现场

闲聊两句

闲暇时的爱好是什么？

爬山和逛博物馆。一个亲近自然，放松身心；一个拓宽视野，滋养灵魂。

如果选一个词来概括你入台后的职业生涯，会是什么？

是充实吧。从早间到晚间，从日播到季播，从央视财经频道到综合频道，不断尝试新类型，不断学习、不断突破自我。

回首入职时，想对那时的自己说些什么？

永远记得那一刻的骄傲与激动，保持那份热情，也保持一份理性，珍惜平台，积极规划，主动成长。

记者：沈玉

从好记者到好主持人的
蜕变之路

Zou Yun

中央广播电视总台新闻中心主持人、记者
《高端访谈》主持人、《24小时》主播

邹韵

中央广播电视总台新闻中心主持人、记者；曾任CGTN（中国国际电视台）记者、央视驻美国首席出镜记者。采访过上百位全球重量级嘉宾，包括新加坡总理李显龙、叙利亚总统巴沙尔、印尼总统佐科、马来西亚总理安瓦尔、时任阿根廷总统费尔南德斯、老挝国家主席通伦、联合国环境规划署执行主任英格·安德森、蒙古国总理奥云额尔登、时任柬埔寨首相洪森、时任塞尔维亚总理布尔纳比奇、匈牙利外长西雅尔多等。

曾参与全国两会、"一带一路"国际合作高峰论坛、金砖峰会、博鳌亚洲论坛、二十国集团领导人峰会等重大新闻事件的直播和报道。驻外期间，长期深度追踪美联储、国际货币基金组织、世界银行等相关国际财经新闻，出色完成科罗拉多山火和飓风桑迪等突发事件报道。

2018年被评为CGTN英语频道最佳记者。2019年获得首届中央广播电视总台主持人大赛新闻类金奖。2020年获得中央广播电视总台首届十佳记者荣誉称号。2024年获"全国三八红旗手"荣誉称号。

"生命见证过多少真实，付出过怎样的努力，就会有怎样的底气"

"我叫邹韵，谐音'走运'。"

2019年的总台主持人大赛，让许多观众记住了她。在一众"神仙打架"的选手中间，她被称为"大魔王"，语惊四座、表现惊艳，最后不负众望拿下了新闻类金奖。

5年前，怀着"越努力，越幸运"的笃定，她在主持人大赛的舞台上成功地迈出了转型的第一步。

5年后，从《24小时》《东方时空》《环球视线》到"关注国际焦点，洞察世界风云"的《高端访谈》，她一步步踏实走出了"从记者到好记者到主持人再到好主持人"的蜕变之路，在更大的舞台上熠熠生辉。

她采访印尼总统佐科，佐科总统在行程紧张的情况下仍欣然应允第二天的额外拍摄需求；采访老挝国家主席通伦，从一开始只同意回答4个问题，到后来意犹未尽地聊了一个半小时，回答了她的十几个追问。这些"破例"背后的"小幸运"，是惜时如金的国际政要以各自的方式对邹韵表达的肯定和赞许。这个年轻的中国姑娘，以兼具深度观察和国际视野的专业素养，以温和有力、大气典雅的中国气质，向世界展示了中国媒体人的风采。

"生命见证过多少真实，付出过怎样的努力，就会有怎样的底气。"在主持人大赛的舞台上，她曾这样说。

许多观众感慨，在《高端访谈》中邹韵不仅展现了极高的双语水平和采访能力，与国际政要之间的对话也是友好而真诚的。问及"底气何来"？她说："最大的底气来自我的祖国，是国家发展带给我的安全感和自豪感。"

底气还来自总台赋予一个年轻人的能量和自信。"因为我是中国媒体人，是中央广播电视总台的记者，这是我获得采访机会最核心的原因。"

"我从一名最基层的财经新闻英语撰稿人，成长为编辑、记者、驻外记者，再到10年后转型为主持人，是总台给我们青年的成长提供了脚踏实地的土壤和仰望星空的宇宙。"

"在国外拍摄期间，哪怕再苦再累，我们心里有底，因为总台各个部门的'家人'永远会给我们提供最温暖、最强大的支持。"

支撑她一路前行的还有来自观众的鼓励，"很多人给我留言，给出积极的评价和中肯的建议，让我非常感动"。正是这些从四面八方汇聚而来的力量，让邹韵在同国际政要进行高端对话时始终从容不迫，脚下有力量，眼中有光芒，心中有方向。

"我希望能够用自己的语言优势，用这么多年在国际一线新闻现场打拼的经验，更加扎实、响亮地'传播中国声音，讲好中国故事'，在国际传播的历史书写和记录中，留下哪怕只是一个小小的，但是足够积极、深刻和闪耀的篇章。"

谈《高端访谈》| 直面敏感话题，也非常接地气

《高端访谈》栏目专访各国元首、政府首脑和国际组织负责人，直面这么高级别的采访对象，你是否会感到紧张？又要如何准备？

肯定会紧张和焦虑。因为不管是采访规格还是难度，挑战都很大，所以要做大量的功课。

就拿写提纲来说，每次采访，我都会看几百页的资料，还有一些书籍，要向相关领域的专家、同事、朋友请教讨论。

记得采访时任阿根廷总统费尔南德斯时，从确定采访到出发，时间很短，我始终觉得当时形成的那份提纲不够理想，还有提升空间。于是，我带着没看完的80多页材料上了飞机。从北京飞往布宜诺斯艾利斯的30多个小时里，除了小睡一会儿，我几乎都在看资料、做功课、写问题、改问题。

外交无小事，整个过程容不得半点马虎和闪失。我跟栏目的制片人阴丽萍老师有一个共识：面对这样的采访，我们必须迎难而上、全力以赴。

邹韵在国家速滑馆"冰丝带"进行拍摄

《高端访谈》节目中，邹韵专访新加坡总理李显龙

2019年全国两会期间,邹韵在现场进行直播报道

我们发现,你在采访中从不刻意回避敏感话题,部分提问甚至是很有锐度的。

新闻性强、观众又感兴趣的话题,往往是带有一定锋芒和锐度的。

好比我问印尼总统佐科,俄罗斯总统普京和乌克兰总统泽连斯基是否确认参加在巴厘岛举办的二十国集团领导人峰会,这个过程是否有个别国家的施压;问时任塞尔维亚总理布尔纳比奇,与中国的密切关系是否会令塞尔维亚面临选边站队的压力……

如果话题值得挖掘、值得追问,我通常不会回避,但是会格外斟酌这些问题的切入口、落点,以及使用怎样的语气和表达。

我们需要这样一个舆论场,通过直击人心的发问和精准的焦点追问,发出真实客观的声音。正如慎海雄台长提出的,要推动形成"大珠小珠落玉盘""千树万树梨花开"的国际传播格局。我们也希望《高端访谈》能回归新闻本质,敢于触碰敏感问题,主动设置议程,强化世界上权威意见领袖的作用,以全球视野、中国风范,有理有力有节地引领国际舆论,传播响亮的中国声音。

《高端访谈》节目中,邹韵专访印度尼西亚总统佐科

虽然节目被称作"高端访谈",但你还是问了很多特别接地气的问题,比如问印尼的佐科总统为什么接受采访时总穿运动鞋、老挝的通伦主席爱吃什么中国菜等。

除了设置一些有关双边关系、国际局势和国家发展的问题,我们在采访中也会设计跟领导人本身有关的问题,比如他的执政理念、兴趣爱好、情怀梦想等,希望能借此更加全面立体地展现他们的形象。

关于佐科总统运动鞋的问题,因为担心分寸感,写提纲时反复增删过好几次。但见到佐科总统时,第一眼吸引我的,恰恰是他真的穿了一双运动鞋。后来一个朋友跟我说,看节目时正想问这个问题,你就问了。

我想,当时决定提出这个问题,不仅仅是出于新闻人的敏感,更在于我努力保持作为观众的那种纯真和好奇。

采访通伦主席时,我几乎忘了我是一个记者,就像忘年交朋友之间在分享自己的喜好。他说,喜欢吃猪肉馅饺子。后来通伦主席访华,听说国宴上真的有猪肉馅饺子,他还重述了采访时这个有趣的小互动。

作为一个中国媒体人,能有这些宝贵的采访机会,我备感荣幸,也深感肩负重任。采访中有时会迸发出一些火花,但它们稍纵即逝。因此我和栏目的同事们需要做足够多的准备,下极大的功夫,才能在火花苗出现的时候,尽最大努力,让它们绚烂绽放。

《高端访谈》节目中,邹韵专访巴巴多斯总理莫特利

谈采访政要 | 赶上突发情况，总统的团队都为我捏了把汗

在采访佐科总统的时候，你还哼唱了印尼民歌《星星索》和《哎哟妈妈》，这是即兴之举吗？

两国之间的人文交流源远流长，民歌是一个很好的切入点，但其实一开始没有想过要在现场哼唱。不过，那天的采访情况有些特殊，正赶上印尼的一些突发事件，佐科总统行程几度更改。

采访开始时已经是晚上八九点钟，连总统的团队都为我捏了把汗，因为他们几乎没有为总统安排过下午3点以后的采访。况且那天佐科总统连飞三地，经过一整天繁忙的行程，已经非常疲惫。我想，要抓紧把对话的氛围调动起来，于是简单地哼唱了两句，佐科总统听见他熟悉的旋律，立刻就笑了。

《高端访谈》节目中，邹韵专访印度尼西亚总统佐科

你在采访时任阿根廷总统费尔南德斯时，还给他介绍了一个在中国非常时尚的词"斜杠青年"。当时突然从汉语切换成了英语，是为什么呢？

这次采访原定只给我们半小时。尽管总统本人神采奕奕，谈兴尚浓，但从第35分钟开始，我能从余光当中明显地察觉到总统团队开始变得焦虑。

采访进行到第55分钟的时候，已经严重超时，我基本问完了关注的所有问题，开始收尾感谢，但费尔南德斯总统却给出一个"稍等"的手势。

他说："我跟你说，我会弹吉他、作曲和写诗，但我成了一名律师。"蓦然间，我脑海中就蹦出"斜杠青年"这个词。

但我知道，当时费尔南德斯总统的直升机就在外面等着他飞往另外一个城市视察，他的团队随时可能会打断我，已经等不及同传老师在耳机里将汉语翻译成西班牙语了。我知道总统听得懂英语，于是马上改用英语解释，"教授/总统/音乐家/充满智慧的人/作家/诗人，斜杠代表不同的身份，我想这就是您"，这是当时最高效的交流方式，也得到了非常好的反馈。后来，阿根廷总统府还专门选取了这段互动发布在他们的社交媒体平台上。

《高端访谈》节目中,邹韵专访时任阿根廷总统费尔南德斯

很多网友都说你的衣品很好,《高端访谈》采访时的着装会特别设计吗?

对于访谈来说,我考虑的首先是得体。在得体的基础上,我确实会着重思考一下怎么能够体现我们中国的文化,以及尊重和融入当地的文化。

有的时候着装也可以是一个很好的开场话题。比如在采访时任柬埔寨首相洪森时,我特意选了一件淡紫色的西装。我跟他说:"洪森首相,我们听说柬埔寨的文化当中,一个星期当中的每一天都会用一种颜色来代表,星期一是淡黄色,星期二是紫色,星期三是绿色。今天是星期二,所以我专门选了紫色的西装。"

"紫色在我们中国也有着很好的寓意,比如万紫千红、紫气东来。我也想在新春佳节之际,把这些美好的祝福送给您。"洪森首相听了之后非常高兴,频频点头。

《高端访谈》节目中,邹韵专访时任柬埔寨首相洪森

谈主持人大赛 | 一瞬间"心动",我要勇敢一次

很多观众熟悉你是通过 2019 年的总台主持人大赛,能分享一下当时参赛的初衷吗?

有人曾经开玩笑问我,是不是当时参赛就奔着冠军去的?但真实的情况是,最开始要不要参加这个比赛,我都犹豫和纠结了很久。

但是我一直都记得,第一次打开主持人大赛报名页面的时候,当时心"咚"地动了一下。也就是那一下心动,让我觉得自己要勇敢一次,去追随内心的声音,我是在大赛报名截止的那天才提交了申请。

邹韵获得中央广播电视总台 2019 主持人大赛新闻类金奖

比赛过程中有没有什么难忘的瞬间?是怎样的力量支持你一直走到最后?

这个过程中收获了太多人的鼓励、支持和帮助。

有一个瞬间让我记忆犹新,当时每比完一场,我都会给我的制片人发一条信息,请他帮我协调排班。因为如果我晋级了,要参加下一场录制,这几天就没办法执行采访和应急报道任务。

有一次我给他发完信息后,他很快回复说"没问题",还说"你比到现在我们帮不上你啥,但如果你需要有人到现场给你加油鼓劲儿,你告诉我,咱们组里派人去"。

我当时看到这条信息,眼泪就下来了。这么多人支持我、帮助我,我得好好地、好好地努力。

闲聊两句

你曾和时任阿根廷总统费尔南德斯聊过"斜杠青年",那你对这个词又有怎样的理解?

我感觉在工作团队中,身边的伙伴也都是"斜杠青年",我们都希望自己有能力承担更加多元的角色。

因为各种原因,《高端访谈》的前方摄制组极致精简,比如在印尼只有我和摄像两个人,后来好一些,但最多也只有4个人,但是需要兼顾的角色却包括记者、制片、导演、外联、灯光师、音频师等。两位摄像老师常常需要同时兼顾5到6个拍摄机位。

我们遇到的问题也总是五花八门,又需要在现场极短的时间内应变,这就要求我们每个人都是多面手。

正像慎海雄台长说的,总台青年要"既能做得了导演,也能看得懂账本",我们也在努力成为这样的全面复合型人才。

生活里的邹韵是一个怎样的人?

生活里的我是一个平淡无奇的普通人。这几年我的职业发展出现了一些变化和转型,需要我花很多的时间学习和调整,工作也比较忙。但如果有时间,我会去健身,练练普拉提。另外,我的厨艺不错,我觉得在厨房做点好吃的是件很治愈的事。

记者:孙莲莲 中国电视报

中央广播电视总台新闻中心新闻播音部副制片人
《新闻联播》主播

严於信

主播生而为蝉，
静待破土之日

中央广播电视总台新闻中心新闻播音部副制片人、《新闻联播》主播。曾参与全国两会、全国抗击新冠肺炎疫情表彰大会、深圳经济特区建立 40 周年庆祝大会、全国脱贫攻坚总结表彰大会、"七一勋章"颁授仪式、纪念辛亥革命 110 周年大会等重大宣传报道任务。2021 年，在庆祝中国共产党成立 100 周年大会中，他因出色完成现场直播报道任务，作为直播主创人员获得第 32 届中国新闻奖特别奖，获得中央广播电视总台个人嘉奖。2022 年，荣获全国向上向善好青年称号。

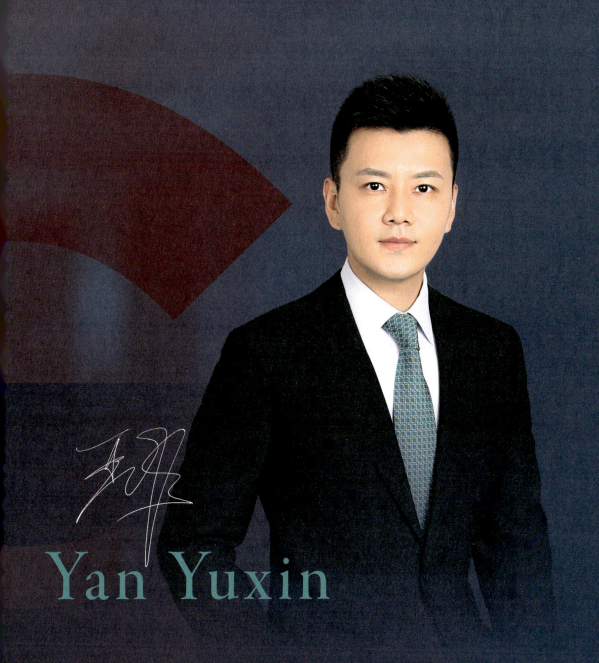

"欲戴其冠，必承其重"

"新闻主播这个职业，是宁作一只蝉，静待破土日。等到可以长鸣的时候，一定是饱满的。"提到自己的职业感悟时，严於信这样说。

从 2009 年入职央视新闻播音部，严於信先后担任了《午夜新闻》《朝闻天下》《新闻 30 分》《晚间新闻》的主播。"河海不择细流，故能就其深"，他用逾十年的笃志好学，逐渐形成了自己沉稳又不失朝气的播报风格。尽管一次次身处高强度的直播环境，他始终专注而投入，以扎实的基本功保证每一条新闻的安全播出。

2021 年，中美高层战略对话期间，严於信曾两次播报首发消息，单次口播时长都接近 14 分钟，他以高度集中的精神状态全程"零口误"完成，不仅保证了播出安全，更体现了他作为一名新闻主播的职业素养。

2020 年 9 月 23 日，是严於信作为主播首次参与《新闻联播》直播的日子，他说，那是一个注定难忘的"大场面"。对观众而言，他是初次亮相的新面孔；对他个人而言，则是走上新的岗位，迎接新的挑战，一切都是"新"的开始。"说不紧张是假的。"那天，严於信早早到了台里，找了一间安静的空屋子先练声，把自己的口腔打开，让气息沉下来。他练得投入，一如初学播音时，无数个"静待破土"的日子一样，认真且专注。

2020 年 9 月 23 日，严於信首次坐上《新闻联播》的主播台。这些年来，从时政新闻的权威播报，到国际舆论战场的立场表达，严於信精益求精地完成了一个又一个党和国家重大活动的直播报道。此外，他还作为一名出镜记者，参与了深圳经济特区建立 40 周年庆祝大会、全国脱贫攻坚总结表彰大会、"七一勋章"颁授仪式、庆祝中国共产党成立 100 周年大会等多项时政报道任务。他说："2020 年 9 月 23 日的'大场面'值得纪念。但是回头再看，原来是诸多'大场面'其中的一个而已，职业生涯始终在变化，要不断地去适应、去复盘。"

2022 年，严於信荣获全国向上向善好青年荣誉称号，他在获奖感言中说："这份荣誉属于总台所有青年。爱岗敬业就是向上，是本分；团结协作就是向善，是情分。我愿意带着这样的本分和情分，和总台的同事风雨共担。"

谈《新闻联播》| 戴其冠，承其重

作为《新闻联播》的首位 80 后主播，你在 2020 年首次亮相主播台的时候，最初的感受是怎样的？

能上《新闻联播》，应该算是很多主播心里的高光时刻，它的高光不仅在于《新闻联播》影响力大，还在于《新闻联播》是业界的标杆。对我来说，这也是人生的一个"大场面"，但我相信未来的挑战会更多。

第一次直播结束，一位同事发来了勉励和祝福："欲戴其冠，必承其重。"我觉得太对了，我一直想找到一句话或者一个词儿来表达一下内心的那种感觉，这句是最准确的。

2019 年全国两会，严於信在"委员通道"进行新媒体报道

能够坐上《新闻联播》的主播台，一定跟你此前的工作经历和积淀是分不开的。为了"首次亮相"，你还做了哪些具体的准备工作？

我记得上学时，老师说过一句话"重复就是力量"。我把这一年来所有《新闻联播》的稿子都找到，打印出来，模拟播出流程，每天在书房里念。报头、报尾、头条、次头条，大篇幅地念，每次都会练习 1 个小时以上。不光是念导语，包括正文的部分也不能忽略。我之前和康辉老师讨论过，他告诉我，播报时需要找到一种联播语态。我必须通过反复练习，去找到那种语态。

2020 年 9 月 23 日，上播的第一天，我提前 5 个小时就到台里做准备。除了练声，还要准备好服装。一般男士穿衬衫会追求舒适，但可能会不够立挺，总起褶。为了

严於信是《新闻联播》首位 80 后主播

解决这个问题，我自己给衬衫加了几层大衬，虽然牺牲了舒适度，但衣服就像盔甲一样，永远是平整的。我觉得这是于己体面，予人尊重。

2020年,严於信在深圳经济特区建立40周年庆祝大会上进行报道

2021年,严於信在庆祝中国共产党成立100周年大会现场进行报道

你做《新闻联播》的主播已经3年多了,这几年一定会有很多难忘的回忆吧?

在《新闻联播》的播报中,时政任务多、任务重,我一直坚持以"字字千钧、秒秒政治、天天考试"的联播金标准要求自己,守住安全播出底线。

印象比较深刻的是在2022年8月2日,在《新闻联播》结束之后,我和宝晓峰被领导留下,说稍后可能会有重要新闻需要播报。针对时任美国国会众议长佩洛西窜访中国台湾地区,《午夜新闻》开播十年来第一次由两位联播主播共同出镜,我作为其中一员,深感责任重大。我们搭档连续完成了近17分钟的口播,包括7条声明、谈话、公告等。我认为,这次事件也是对"大事看联播、大事看总台"最生动的体现。

谈"新闻人" | 敢亮剑，敢发声

你认为一个新闻人必须具备的素质是什么？

我认为是时代性。这就意味着我们要看历史，看当下，也要看未来。首先，我们要有大局观，即准确把握中华民族伟大复兴的战略全局和世界百年未有之大变局。这是在现有的社会环境里，我们正面临的使命和挑战。由此，我就会认识到自己的职责和使命：为党立言、为民发声。外宣的时候，要敢于亮剑，敢于发声。

"大道之行，天下为公"，在当下的复杂环境中，面临困难和挑战时，还得求同存异，敢于发声。往未来看，我们要放眼人类社会发展求大同的趋势，突破时代局限。

为了展现出我们的精神内涵，也要运用更多的手段去与时俱进地创新。时代性一定是从历史来，到未来去。

在一些时政出镜任务中，你曾表示"主播在现场，就是观察者"，你认为自己是一个善于观察的人吗？

一切都是从观察开始。尤其是总台成立以来这几年，可以说是我的个人业务、事业成长的一个质的飞跃的阶段。我在这几年的时政任务、时政连线也是非常密集的。举个例子，2020年举行深圳经济特区建立40周年庆祝大会的时候，我在现场看到摆放的椅子，就顺口问了一句，现场有多少人啊？他们告诉我有800多人。我当时就特别敏感，因为深圳经济特区成立是在8月26日。我马上麻烦同事帮我核对一下现场是不是有826把椅子。我自己也围着现场数，果然有826把椅子。还有当时现场标识上的数字"40"，其中的"4"中间有一个五角星，"0"中间有一个心形，寓意着"星"心相印。我注意到这个细节后，马上跟工作人员核实。可以说，观察已经是我职业习惯的一部分。

再举个例子，在"七一勋章"颁授仪式前，我在人民大会堂提前踩点的时候，发现现场有很多小朋友，他们拿花的方式、喊的口号都很有特点。我发现了就会在现场问、现场挖掘，也不怕被拒绝，得"厚脸皮"。不要低估了受众的"细心"，我要解释清楚，不能让观众留问号。

2023年,烈士纪念日向人民英雄敬献花篮仪式,严於信正在进行连线报道

2019年全国两会,严於信在"委员通道"上向政协委员提问

在与总台共同成长的过程中,你最明显的感受是什么?

严管厚爱特别重要。总台对青年人给予了莫大信任和期待,尤其是对于年轻主播来说,我们会有工作上的压力,会有对未来职业的期待。总台做的就是给你浇水、给你阳光,同时还要给你修剪。作为个人来说,我更要爱台、护台。要"自燃",还要慎独、慎微。

谈荣誉与责任 | 勤引领，多担待

在总台新闻主播、新闻人的身份之外，你还有一项社会兼职——北京市东城区团委兼职副书记，可否介绍一下这份兼职的情况？以及作为副书记的一些日常工作？

东城区是北京首都功能核心区，承担了很多比较重要的政治宣传工作，包括政治引导、政治引领，以及团结广大年轻人。

2022年，东城区举办了学党史系列活动，因为东城区有很多红色地标，也成了"网红"打卡地，所以我们设计了一个党史人文路线，我本人也作为讲述人参与其中。我特别希望能把这些红色历史讲述给更多青年，红色血脉的内核是什么？是传承。

2022年，严於信以北京市东城区团委兼职副书记身份，采访原文化部部长、"人民艺术家"国家荣誉称号获得者王蒙

你在2022年获得了全国向上向善好青年的荣誉称号，你是如何看待"向上"和"向善"的？

我特别在意同事之间的袍泽之情。大家都是战友，都在一个战壕里头。

"向上"是本分。你的工作必须要做好，要跟身边人去不断磨合、沟通交流。大家都在一条工作流水线上，我就是其中一个环节，其他同事也做了大量工作，大家都是"负重前行"。把自己的工作做好，不光是对自己负责，也是对别人的尊重。

"向善"是情分。要跟同事之间建立情感，大家合作完成了一个个任务，就会产生情感上的共鸣。同事之间是可以做到把情分放在天地里的，因为天地是长久的。把情感放在心里，面儿上不用说太多。把情义落在实际，就是互相担待。大家都在一个"圆"里，相互成全、相互助力。

可以给拥有"新闻梦"的年轻人一些意见与建议吗?

找到自己的明灯,建立自己的港湾。明灯是引领方向的东西,它可以是你的心中所爱,可以是你的职业规划,也可以是你的前辈。谁的青春不迷茫,别着急,慢慢找。

再一个就是港湾,就是让你感觉温暖的东西。年轻人应该多学习、多总结,挖掘个人的潜能和定力,让自己的人生变得更加饱满。

另外,马克思主义新闻观是我们一直要秉承的。如果你有新闻梦,党和国家永远需要有这种新闻观的年轻人加入进来。

2022年,严於信获得"全国向上向善好青年"荣誉称号,并在人民大会堂参加庆祝中国共产主义青年团成立100周年大会

2023年,总台新闻中心新闻播音员赴甘肃省定西市渭源县元古堆村小学,开展"放飞梦想的翅膀"公益活动,严於信正在给同学们授课

2019年,总台《长征路万里行》直播报道来到陕西省延安市吴起县,严於信在采访红色小讲解员

闲聊两句

作为一个爱好很多的人,你如何看待"艺多不压身"?

我3岁开始练钢琴,从小就喜欢拿着相机到处走,citywalk很多年了。我觉得爱好这个东西是生活当中一个很好的调剂,培养的不是技巧而是情操。自己跟自己对话的时候,就会有更多的途径去解释自己的现状,这个很必要。只要有精力就去做吧,爱好就是养起来的,一直养着就行了。

可以介绍一下你擅长演奏的尺八吗?

我对古典的东西是很偏爱的。我听说唐代有一个乐器叫唐尺八,以尺寸来命名乐器,它是独一份儿吧。然后我又知道尺八曾从中国流传到国外,现在又回流。所以我就有一个愿望,学习它,传承它。往大了说,我们就是一个文化传承者;往小了说,陶冶情操不是也很好吗?

请推荐一本正在阅读的书。

我现在放在办公室的一本书,是梁启超先生的《欧游心影录》,是1919年前后,他在欧洲巴黎和会期间对欧洲的一些观察和思考。我觉得这本书里很多东西是很提气的,尤其是那句:"眼界放远些啊!力量放韧些啊!那么世界就没有一件可悲观的事。"他很擅长思辨,同时对青年人有一种很强的期待感,我现在看的时候,依然感受到很大的冲击和激励。

记者:王姝

做追梦路上勇敢的行者

中央广播电视总台新闻中心主持人,中央国家机关青联委员。主持《新闻直播间》《朝闻天下》等栏目,参与多项重大宣传报道。主持总台2021年、2024年春节联欢晚会,2022年、2023年中秋晚会,以及跨年晚会、五四青年节特别节目、粤港澳大湾区新年音乐会等多项总台大型文艺节目。获评总台第二届青年英才称号,总台杭州亚运会、亚残运会和成都大运会宣传报道嘉奖个人。

中央广播电视总台新闻中心主持人
《新闻直播间》《朝闻天下》主播

张韬

Zhang Tao

"真正的激流
必须要越过险滩才能终归大海"

从中央广播电视总台打造的大型节目《原声天籁——中国民歌盛典》在山西左权县的录制现场，星夜兼程赶往四川宜宾，立即投入总台2023年中秋晚会的主持工作；回到北京，等待着他的是新闻频道的日常直播任务和杭州第19届亚运会开幕式特别报道；中秋国庆假期赶赴雪域高原主持第三届中国西藏"环喜马拉雅"国际合作论坛开幕式……这就是张韬近三年来的工作常态。这个在新闻演播室里日渐成熟的主播，在总台春晚、秋晚等舞台上初露头角的主持人，在新媒体平台上很"圈粉"的小哥哥，即便刚经历了高原反应和感冒的双重挑战，在谈及工作时，他的眼睛里也立刻有了光，那是追梦人梦想闪耀的光芒。

高中校园里一方小小的舞台，是张韬梦想开始的地方。中学时代，他就读的高中举办校庆晚会，这个没有任何主持经验的四川少年，仅凭一股初生牛犊不怕虎的劲头，在全校师生面前用一口热情的"川普"完成了活力四射的主持首秀。

"我那时连平翘舌音都不太分得清，但不知哪儿来的勇气，我跟老师毛遂自荐，心里只有一个念头——'试一哈'。"

就是这"试一哈"，彻底点燃了他心底的那簇火苗。"做一名主持人，站上更广阔的舞台，成为连接更多人心灵的桥梁"成了张韬的梦想。而一定要"试一哈"的勇气伴着他一路追梦，助他走进总台，成长为颇具潜力的青年英才。

追梦，何其浪漫，又何其艰辛。成长的路上磕磕绊绊，张韬坦言遇到了很多他没有想到的困难，它们毫不留情地一次又一次击打着他的心。那时，他向前辈请教，前辈鼓励他说："换了一个环境就像换了一条赛道，都是这样过来的，不妨给自己一点时间，去打磨，去沉淀。"

时间，仿佛确有某种魔力。如今，张韬早已停止心中无谓的内耗，与新闻直播间建立起了越来越多的默契，在大型晚会、活动的舞台上展现着风采，更在融合传播领域积极探索，让观众看到了一个更加立体、全面、朝气蓬勃的新时代媒体人。

一路走来，追梦是他的关键词，他喜欢那奔跑在追梦路上的感觉——拥有凡事"试一哈"的信念、坚定的目标和无惧风雨的勇敢。

谈日进日新 ｜ 时间给了我从容面对挑战的定力

从稚嫩青涩到成为观众越来越熟知、喜爱的主持人，你经历了什么？

刚到新闻中心时，每天的播出量一下子多了很多，而且这里新闻直播的标准跟我过往的经验完全不一样。以前我最长就做过半小时的新闻直播，这里动辄1小时、2小时，甚至3小时，对主持人的要求也更高。

播音并不是简单地把文字念出来，尤其是在总台这样重要的新闻平台上，站得高、看得远才能定得住神，这需要一个量变到质变的过程。

张韬参与主持总台2021年春节联欢晚会

张韬参与主持总台2023年中秋晚会

张韬参与主持"百花迎春——中国文学艺术界2024春节大联欢"

另外，在追逐梦想的过程中，有多少鲜花掌声，就会有多少挫折坎坷。越是加快步履，越会迎来扑面的疾风。毋庸讳言，面对困难，甚至是一些质疑的声音，我也痛苦过、消沉过。但关心我的领导和前辈告诉我，真正的激流必须要越过险滩才能终归大海。

经历了这些后，我的内心会收获一种定力，变得更加勇敢。

播音主持过程中你遇到过什么突发挑战吗？能谈谈哪一次经历让你印象最深吗？

我们的工作中，平常并非常态，挑战才是常态。新闻直播间里遇到提词器故障、连线中断、稿件临时撤换，这都是家常便饭。在新闻中心，我们都像战士一样，召之即来、来之能战、战之必胜，对于任何突发情况都能齐心协力去处理。

张韬参与2024年全国两会报道

张韬参与主持《好记者讲好故事》——2023年中国记者节特别节目

其他节目中，挑战也是常态，要说我印象最深的一次，是2021年春晚的开场。当时直播前已经有了好几轮彩排，每一轮都挺顺利的，偏偏在除夕那天晚上，我们几个主持人从接到上场指令到走到升降舞台的定点位，这短短几米当中，出现了突发状况——我被表演开场节目的舞蹈演员

手里硕大的彩绸扇子裹住了两次,两次都被罩了个严严实实。

说实话那一瞬间我真有点儿蒙,第一反应居然是"发型可千万别乱",第二个念头是"乱了也不管了"。其实就几秒钟时间,但仿佛过了好久,我唯一要做的就是定住神。

刚刚平复一下心情,舞台就升起来了,我挥手跟观众打招呼,就像什么都没发生过。说起来真要表扬一下化妆师,在我头发上足足喷了"二斤"发胶,所以发型纹丝未乱,哈哈。

这个突发状况没有影响我的正常发挥,开场词也说得顺利流畅,只有我自己知道刚刚我的心里经历了怎样的"交战"。

如果当时没定住神,慌了,就可能造成无法挽回的事故,所以对一个主持人来说,强大的定力、控制力是必须具备的。关关难过,咬牙也要挺过去,过一关就是一次进步。

很有意思,你是新闻主播,但我们也经常能在文艺舞台上看到你,如果让你选择,你更倾向于新闻还是文艺?

其实,这正是总台的包容之处,给了我们更多可以"试一哈"的机会。

一个主持人的职业角色需要多元立体,既有"一专"又需"多能",尤其是在融合传播的时代,我们的职业角色也可以融合发展,多做些"出圈"的事,才更契合"时"与"势"。我很珍惜在不同节目里丰富自己的机会。

张韬主持 2020 "我们的中国梦"文化进万家——中央广播电视总台"心连心"赴湖南省湘西十八洞村慰问演出

谈大运会闭幕式解说 | 让声音"跳"起来，用真诚打动观众

说到"出圈"，在 2023 年 8 月的成都大运会闭幕式上，你作为主持人全程在舞台中央进行现场解说，收获不少好评，能谈谈这次经历吗？

这确实是很特别的一次经历。闭幕式总导演甲丁告诉我和负责英文解说的李东宁老师，他期待闭幕式能成为"一场青春欢乐的嘉年华"。主持人过于四平八稳肯定不行，要让观众"嗨"起来，要找到让声音"跳"起来的感觉，要脱离常规模式！

而且到了现场我才知道，这次大运会闭幕式的现场解说不像以往那样在幕后配合现场流程，只出声音就可以。现场解说主持人位居舞台中央，全程出现在观众面前，还要配合好肢体语言、手势动作，调动全场情绪。

说实话这次"史无前例"的创新让我一时不知所措，感觉分寸很难把握。我和李东宁老师一遍一遍地试，一点一点抠细节，终于找到了甲丁导演所说的"嗨"的实质——青春的激荡、团结的热切、分别的伤感、再见的期待，这是一种向世界、向未来的热情告白！

表达方式的不同再加上舞台表现形式的新颖，就在一定程度上具备了"出圈"的特质。闭幕式直播结束后，甚至有网友不吝溢美之词，说我们"创造了此类直播现场解说的第一次！"。这次挑战成功更坚定了我的信念，永远不要框住自己，什么都可以勇敢地"试一哈"。

如果说最后我的表现得到了大家的认可，还有一个重要因素就是，四川是我的家乡，站在家门口面向世界，我很自豪。解说词里的很多话也是我发自内心想要表达的，可能正是这份真诚打动了更多人吧。

张韬在 2023 年成都大运会工作现场

有很多观众评价你主持的可塑性很强,播报新闻时严肃认真,主持文艺节目又有热情和灵动,你怎么看这样的评价?

谢谢这些朋友的鼓励。我觉得"可塑性"其实就是"不违和",不会让人感觉这个主持人和节目、舞台格格不入。

我认为找到和节目的连接很重要,要找到内在的支点,与节目形成一种关联。这话听起来有点虚,落到实处其实就是真诚、勇敢、积累和准备。真诚地面对观众,不敷衍;勇敢地接受挑战,不胆怯;用心地积累经验,不自满;持久地时刻准备,不偷懒。

尤其是准备,总台成立的这6年,恰恰是我准备的6年,准备好了一个更丰富、更坚强的自己,准备好了不断打破已有的自己,创造全新的自己。

我不想把自己框住,也相信总台不会让我们年轻人把自己框住。我愿意以新闻的严谨认真拥抱文艺的热烈灵动,相互促进,相得益彰。

2023年,张韬主持《好记者讲好故事》——2023年中国记者节特别节目

谈追梦之旅 | 我是总台阳光滋养的一棵树苗

从梦想成为主持人到成为专业主持人，从进入总台到获评青年英才，这一路追梦，你有什么特别想表达的吗？

我要谢谢我的家人，尤其是我的父母。我记得当年参加四川省艺术联考的时候，我自己一个人在成都备考，父母忙工作没有来陪我。可是，就在我准备迈进考场的那一刻，突然听到后面有人叫我，一回头，看到我爸就站在街对面。他对我说："爸妈做不了别的，就是想来给你加个油！"

他们是从县城坐凌晨4点的最早一班车，一路辗转来到成都考场门口等我的。那一瞬间，我获得的力量是无穷的，那一瞬间，我永生难忘！

我还要谢谢我加入总台后每一位关心、支持我的领导、前辈、同事。他们的肯定和引领帮助我变得更勇敢、更坚定。他们用自身行动展示着总台人最好的模样：正直、朴素、担当、奉献，能抵住诱惑，他们是我努力追逐的榜样。

最近你在工作中又做了哪些新尝试？有什么新目标吗？

我在积极利用自己的优势"尝鲜"更多有品质的新媒体产品。例如央视新闻的《文博日历》，央视频的《打卡艺术展》系列，还有央视网的《跟着李白看中国》，我都参与其中。在新媒体领域，我尝试担任更多不同的角色，比如导游、讲解员，或者就是一

张韬在《新闻直播间》的工作画面

个普通看展人，和网友建立各种形式的互动。

我会关注社交平台上大家对我参与制作的节目的评价和期待，再琢磨如何把我想尝试的和受众想看的结合在一起。这些我都在构思创意。

现在的我就像一棵年轻的树，沐浴在总台的阳光下，不断汲取养分。我的新目标就是让这棵树变得愈发枝繁叶茂，根紧握在地下，叶相融在云里。

未来，我希望能继续和总台一同成长，做追梦路上勇敢的行者。

生活中，你觉得自己算是一个文艺青年吗？

"文青"这个字眼儿好有年代感，我总觉得像是我父母那一代人说的。我妈妈喜欢跳舞，可能我遗传了一点儿艺术细胞，从小我经常参加学校里唱歌跳舞的活动，现在工作之余，兴之所至也还会蹦跶几下。另外，我喜欢逛逛博物馆，看看展览，这多少和文艺青年沾点儿边，也正好成了我工作灵感来源的一部分。

从事播音主持工作对你的生活有什么影响吗？

这种影响是全方位的。我相信总台的新闻人都有一个觉悟——"天大地大，直播最大"，生活中的事都要为新闻直播让路。久而久之，我们同事几乎都做过相似的噩梦，就是梦见自己误班了，有时候甚至分不清楚是做梦还是现实。

有一天早上闹钟没响，我睁眼一看7点多了，突然就觉得自己应该是早班。毫不夸张地讲，那一刻我感觉心脏都要从嘴里蹦出来了。我从床上跳下来，穿好衣服冲到门口只用了十几秒。出门的那一瞬间我才真正清醒过来：今天不是我的班啊！这真是内心最深处紧张的外化，但它也有好处，是最好的"闹钟"。

记者：吴楠 中国电视报

5G+ 竖屏时代，探索新技术，打造新看点

中央广播电视总台技术局网络运行部主任
总台5G媒体应用实验室主要负责人

刘玓

中央广播电视总台 5G 媒体应用实验室主要负责人，带领团队围绕总台 5G+4K/8K+AI 战略格局，遵循"技术实验＋节目实践"的工作方式，不断推出技术创新研究成果，并在各类重大活动中加以落地应用。获总台庆祝中国共产党成立 100 周年宣传报道记功个人、新中国成立 70 周年宣传报道嘉奖个人荣誉称号；所在的 5G 媒体应用实验室获全国广电系统第 21 届全国青年文明号荣誉称号。团队参与建设的"北京冬奥会虚拟演播室及冬奥 5G 列车直播"项目获得奥林匹克金环奖最佳创新 / 布景设计银奖；团队参与制作的中国之声特别直播《国家公园·两天一夜》获第 33 届中国新闻奖新闻直播一等奖。她负责、参与的 5G 媒体融合相关项目入选了工业和信息化部与国家广播电视总局共同征集的超高清视频典型应用案例名单。

Liu Di
刘玓

在中国共产党成立100周年庆祝活动中，中央广播电视总台首次使用5G网络切片技术+双路超高清帧级自动切换技术，实现了天安门东、西观礼台移动机位主备双路超高清直播流的稳定回传；2022年，北京冬奥会高铁5G超高清移动演播室，首次实现了在高速移动的列车上进行超高清稳定直播，异地嘉宾还可以在演播室中实现"面对面"交流；2023年，"竖屏看春晚"掀起了新一轮小屏端收看春晚热潮……

总台自成立以来，一直以"大象也要学会跳街舞"的精神风貌拥抱互联网、打造全媒体，创新"思想+艺术+技术"融合传播，推进5G+4K/8K+AI战略格局，持续发力，把新技术应用转化为内容生产成果，赋能总台业务高质量融合发展。在研究探索新媒体新技术的道路上，刘珺及团队作为技术局5G媒体应用技术研究业务骨干，勇担使命、主动作为，在5G技术和媒体应用深度融合的实践活动中，创造了多个"历史首次"。

身材瘦削、眼神坚毅、笑容温暖，这是刘珺给人的第一印象。深入交流后，就会发现，她是一位行事严谨、表达准确，对5G媒体融合创新应用前景充满想象力，并极具执行力的总台技术人。作为总台5G媒体应用实验室主要负责人，她和团队冲在创新一线，在大胆假设之余更要做到小心求证。她相信"细节决定成败"，"我们的创新工作都是边实验边实践，在新技术实验测试环节，需要考虑全面，把工作做细，才能确保实践任务的成功"。

> **"创新无限，未来可期"**

总台5G媒体应用实验室遵循"技术实验+节目实践"的工作方式，不断推出技术创新研究成果，并在各类重大活动中加以落地应用。2022年，总台在虎年春晚首次推出"竖屏看春晚"获得热烈反响，刘珺团队为2023年"竖屏看春晚"提供技术创新和支持，既有压力更是考验。2023年兔年除夕夜，春晚开播，她全程抱着手机看竖屏直播。"说实话，没顾上好好欣赏精彩节目内容，关注点主要在我们播放端的画面色彩还原度、播放流畅度、声音效果，还有观众弹幕反馈和用户观看量，等等。"随着观看量一路攀升，正面反馈越来越多，她既激动又自豪，冷静下来后，脑子里又不禁开始考虑，来年的竖屏春晚在技术层面上还可以进行哪些升级。

牢牢把握创新这一主旋律，做总台所倡导的"自燃型"人才，敢于走别人没走过的路，敢于做行业"领头羊"，刘珺和团队不断修炼技能、大力推进科技创新，用创新赢得优势、赢得主动、赢得未来。"总台给我们员工，特别是青年人，提供了一个很好的发挥自我能力的平台，台长在讲话中多次强调，创新是总台工作的主旋律，技术局领导锐意进取，带领我们开拓创新。"

谈及未来，刘珺眼眸明亮，她正带领团队依托5G-A（增强型5G网络）等网络技术不断优化系统，努力让更多5G媒体融合创新应用落地，为媒体行业基于5G网络进行超高清高质量实时制作提供解决方案，朝着总台技术系统超清化、移动化、智能化方向，不断向前奔跑。

谈"竖屏看春晚" | 移动端看晚会的一次视觉革新

"人更大、距离更近、更沉浸,甚至微表情都不放过"的竖屏春晚,是总台的创新尝试,从 2022 年开始与观众相约每年除夕。要实现"竖屏看春晚",有哪些技术需要攻克?

随着互联网社交媒体开始对小屏端竖屏制作和呈现进行探索,从 2020 年开始,总台技术团队依托 5G 媒体应用实验室,开启了对竖屏制播技术的持续研究、测试及实践落地。

以 2023 年"竖屏看春晚"为例,为更好满足小屏端的观看体验,我们主要在两方面下大力气:一方面在竖屏端实现更好的视听播放效果,我们参照《中央广播电视总台 HDR 视频制作白皮书》和 Audio Vivid 三维菁彩声相关标准,制定了"竖屏看春晚"HDR 50P 视频 + 三维菁彩声音频制播技术方案。考虑到小屏端的收听条件,我们将竖屏春晚的菁彩声通过双耳实时渲染的方式进行制作播放,用户佩戴普通耳机也能获得沉浸式听觉体验。

我们还首次将后期肤色调整方法用于融媒体直播过程中,实现了直播期间肤色实时调整及视觉优化。

另一方面,我们首次引入了分屏包装技术,便于导演根据不同节目样态进行二分屏、三分屏以及五分屏的画面呈现设计和展现,使画面表达更加满足竖屏用户的收看感受和体验。在小品类节目中,还可根据需要使用分屏效果来交代个体与全局的关系。通过分屏技术,我们还将拍摄到的演员和主持人幕后花絮独家呈献给了竖屏端用户,在伴随大屏春晚同步播出的同时,也充分体现"竖屏看春晚"新媒体制作的优势。

刘玓在进行日常系统调测

刘玓在新媒体拍摄制作岗位练兵

刘珺介绍兔年春晚创新技术

刘珺汇报冬奥高铁演播室技术成果

只要多配备几台竖屏摄像机,就可以实现"竖屏看春晚",真实的情况是这样的吗?

这么说也对也不对。竖屏制作首先要完成的就是影像"竖着"采,但实际上直接竖采的摄像设备行业内暂时还没有,我们需要将现有摄像机竖过来,再定制特殊的稳定支撑设备,才能进行信号采集。最有挑战的还是导演组,要从原来更广的横屏画面构图转到更沉浸、更聚焦个体呈现表达的竖屏构图,切换制作也要随之改吧。我们台在业界开创了大型节目直播态竖屏制作新模式,实话说,我们的导演组和节目团队确实很厉害!

在2024年龙年春晚竖屏制播领域,你和团队又给观众带来哪些创新视觉体验呢?

在复盘2023年"竖屏看春晚"时,导演组提出竖屏机位可否再丰富一些。2024年,我们根据技术测试情况,通过实时裁切技术,充分利用大屏的飞猫、摇臂等特殊视角机位,来丰富竖屏端的机位呈现。我们还通过5G-A网络实现"竖屏看春晚"部分无线移动机位的部署,用于适配这种大型舞台场景下便捷移动拍摄需求。

另外,在分屏特效和转场特效包装方面也有新的呈现模式,我们还增加了与5G结合的轻量虚拟制作和呈现技术,具体效果还请观看春晚的观众朋友们体验和反馈。

谈 5G 超高清移动演播室 | 惊艳 2022 年北京冬奥会

2022 年北京冬奥会上，总台高铁 5G 超高清移动演播室十分吸睛。在时速高达 350 公里的列车上，我们不仅可以做直播，还可以让异地嘉宾在演播室"面对面"交流。这是怎么实现的呢？

5G 超高清演播室是总台和国铁集团以及运营商协同合作建设的，我们在京张高铁冬奥列车上，使用 5G 网络、5G 便携传输技术、车载 5G 技术以及轻量化 IP 制播技术，实现了演播室超高清节目便捷制作，并通过 5G 网络稳定回传至总台演播室进行播出。

另外，我们还借助低时延互动传输技术、虚拟渲染等重型应用的云端部署，实现了主持人和异地嘉宾"面对面"访谈效果。

你带领团队建设这一系统时，遇到的最大难题是什么？

最大的问题是 5G 网络传输带宽急剧下降、传输性能和时延极不稳定。列车超高速运动中会发生多普勒频偏效应，加上处于封闭车厢中，又要途经 9 个隧道和 3 个声屏障，5G 信号穿损严重，整段旅程还要经历沿途 400 多个基站的快速切换，也会加剧这一问题。

我们三个单位组成的联合工作组，经过多次深度讨论和随车测试，制定了高铁 5G 演播室技术实施方案，采用多种方式攻克这个难题，比如：在 5G 网络侧采取了空间及逻辑隔离措施，提升上行速率；对于封闭车厢信号穿损问题，架设了多通道、全频段、高性能的 5G 天线，增强对 5G 信号接收能力；进行小区基站合并优化，清河到太子城的小区基站从近 400 个降低为 65 个，减少切换频次，提高直播信号传输稳定性；等等。

当然，难题的解决更离不开总台 5G 便携传输系统的适配优化，这一系统采取了数据传输智能切片、动态码率智能调整、多通道并发传输等多项数据传输分发优化机制。

整个演播室最终于 2021 年 12 月底系统竣工，顺利通过了竣工验收测试。

北京冬奥列车 5G 超高清演播室合影

系统顺利完成竣工验收测试的心情，还记得吗？

很开心，也很自豪。项目时间一直咬得比较紧，又和全球关注的冬奥会息息相关，我们一直憋着一股劲儿。这趟列车是新车，需要做上线测试、系统优化，车辆出库后留给我们做系统搭建和调测的时间不是很充裕，特别是路测次数有限。对于我们来说路测至关重要，关系到超高清信号在如此长距离、长时间、超高速运动下，是否能稳定回传。在演播室系统测试调优期间，我们每天早上五六点钟就到，晚上车不入库，我们舍不得下车。顺利完成竣工验收后，才敢轻舒一口气，"轻舟已过万重山"。

这个项目是总台首次在世界范围内实现超高速运动下 5G 超高清直播信号超长距离稳定传输的经典案例，也是行业内 5G 媒体融合应用实践之最。作为总台人，能有机会参与这些难得的攻坚克难的创新项目，我们感到特别幸运。

谈 5G 媒体应用 | 创新无限，未来可期

继"竖屏看春晚"后在杭州亚运会期间，你的团队为乒乓球项目也提供了竖屏制作，这个项目又做了哪些创新尝试呢？

目前在业界，竖屏直播制作的模式和场景还不太丰富，所以在竖屏春晚之后，我们制定了专门的调研课题和计划，逐步在体育竞赛类、综艺选秀类、音乐演奏类、访谈类等各类型节目中进行摸索实践和经验积累。

成都大运会上，我们就在多项体操项目中进行了竖屏制作。杭州亚运会中，我们又有幸在乒乓球项目中加以制作实践。乒乓球比赛球小、速度快、比赛战术丰富多彩，球路也难以预测。在和节目部门商讨后，我们决定采用定位取景结合主体侧全切换的方式，确保整体呈现效果。

受此启发，下一步，我们计划跟进研究类似自定义 AI 跟踪渲染、编程式智能切换技术，同时创新拍摄视角和制作技术手段，满足相关节目竖屏制作的需求，让制作手段更丰富，画面呈现更精彩。

在系统搭建方面，由于这类型赛事空间有限，所以我们要尽可能做到机位复用。为此，我们使用云端 AI 智能裁切算法将横屏信号裁切为竖屏信号，并通过增加模拟"摄像师"运镜逻辑和"阻尼感"算法保证 AI "镜头"画面的连续性，在实现竖屏画面呈现的同时，有效减少前方系统部署和竖屏机位部署。

值得一提的是，成都 2025 年世界运动会主转播机构负责人对我们的竖屏制作模式表现出了浓厚的合作兴趣。

刘玓参与成都大运会竖屏制作技术讨论

刘玓与同事为杭州亚运会竖屏制作提供技术支持

在 5G 媒体应用方面，你带领团队还做了哪些创新？

从总台 5G 媒体应用实验室成立之初，我们就致力于 5G+4K 超高清便携传输技术的研究和相关设备的研发。6 年来，我们联合运营商和国内编解码厂商，迭代研发了多款 5G 便捷传输背包，已经广泛应用于庆祝新中国成立 70 周年、庆祝中国共产党成立 100 周年、西安全运会、北京冬奥会以及 2023 年的大运会、亚运会等各类重大转播活动，成为总台外场各类转播活动常规技术手段之一。在节目实践中，也是创造了 5G 媒体应用融合的多个"首次"。

基于在 5G 传输方面积累的经验，我们研发了 5G 轻量化制播系统，集拍摄采集、轻量制作和多样化网络传输等功能为一体，结合 AR/XR 等技术，为总台十余个节目部门的 300 多个节目在多角度观赛和横竖屏新媒体制播中提供了技术支持。"竖屏看春晚""竖屏看秋晚"也都是基于这套系统，另外，这套 5G 轻量化制播系统也已在总台各地方总站加以推广应用。

总台技术运行保障团队

刘玙团队与总台国际传播规划局开展"党建 + 业务"主题党日活动

当下，你和团队正在研发什么项目？

目前我们技术研发的方向是超清化、移动化、智能化。在超清化方面，目前实验室对于基于 5G-A 网络下的 JPEG-XS 编码传输技术已经有了阶段性成果，在北京国际广播电影电视展览会和亚运会技术展示中，我们搭建了相关制作系统，进行 5G-A + 浅压缩编码无线机位与多种信号混合制作的展示。

2024 年，我们会持续跟进 5G-A 和 FPGA 芯片的迭代发展，对系统设施不断优化，在承载更高画质的同时，减少系统复杂度，实现浅压缩高质量移动制作机位的"剪辫子"部署，为总台 5G 演播区建设提供技术依据，也为媒体行业通过 5G 网实现超高清高质量实时制作提供解决方案。

另外，我们也会继续跟进 5G ATG 技术发展，设计基于 ATG 技术的融媒体节目制作解决方案，满足高空航拍要求，为节目制作提供更丰富的技术手段。

我们还继续跟进研究重型算力应用基于云化部署的可行性，希望能够结合 5G+AI 技术，提高和丰富 5G 轻量化制播系统的能力。

> ### 闲聊两句
>
> **在重大项目中遇到技术壁垒时，压力肯定会很大，你是怎么缓解的？**
>
> 遇到这种情况时，就已经退无可退了。我们没时间感受压力，所有注意力都在如何将壁垒分解为一个个可行的技术实现上。随后就是抓紧时间测试验证，每前进一步，对我们都是莫大的鼓励。
>
> **你最喜欢的一句话是什么？**
>
> 细节决定成败。
>
> **如何成为一个合格的总台技术人？**
>
> 学习，不断地学习，成为一个复合型的专业技术人员。
>
> 记者：沈玉　

鼎新者

海阔天空想,脚踏实地干

作品曾获中国（广州）国际纪录片节金红棉优秀系列纪录片、优秀国产纪录片及创作人才扶持项目优秀系列纪录片、第9届中国纪录片学院奖最佳系列纪录片、"第25届中国纪录片学术盛典"年度作品和最佳编导两项大奖、中国龙奖特等奖、2019年度中央广播电视总台优秀节目评选专题纪录类一等奖等。总台青年英才称号获得者，杭州亚运会、亚残运会和成都大运会宣传报道记功个人。

我想拍不一样的科学纪录片

中央新闻纪录电影制片厂（集团）纪录片导演
《手术两百年》《大地之上》《嗨，亚运》导演

陈子隽

Chen Zijun

"国力提升给了我们对话世界的底气"

2019年夏天，一部并未大张旗鼓造势宣传的医学科普类纪录片《手术两百年》意外走红。这部被不少人误认为是英国广播公司（BBC）专业大咖拍摄的纪录片，其实是百分之百的中国制造。

"我们每一个镜头都是自己拍摄的，片中出现的国内外每一位医学界的殿堂级人物也都是我们亲自拜访拍摄的。"谈起这部倾注团队全部心血的作品，总导演陈子隽自豪而笃定。这部历时3年，遍访12个国家，被誉为国内首部全景展现人类与疾病抗争的科学纪录片，将人类手术两百年也是现代医学两百年的历史梳理得清晰透彻，让作品获得了亮眼的成绩与极佳的口碑。

《手术两百年》之后，陈子隽继续潜心创作。2023年1月1日至6日，由她担任总导演的大型科学通识类纪录片《大地之上》成为总台央视纪录频道的开年大片。导演组行程数万公里，走访全国26个省（自治区、直辖市）近100个地区，立足中国特色的高原山脉、沙漠绿洲、江河湖泊、草木丛林、海洋、城市等地理单元，集中展现中国地理形态孕育下的历史文明。《大地之上》是此前鲜少有过的从科学视角出发，以历史地理学为依据，系统全面解读中国人和这片土地关系的纪录片。

"拍了十几年纪录片，我很庆幸在广泛尝试很多类型题材之后，终于找到了自己感兴趣的领域。其实我跟很多纪录片导演一样，就是想在自己喜欢的领域拍点不一样的作品。别人没拍过的，我想尝试去拍；别人拍过的，我就想找不同的角度和手法拍个新的！"

事实上，科学纪录片是科普工作的重要一环，而科普在我国任重道远。数据显示，2020年公民具备科学素质比例达到10.56%。2022年，中共中央办公厅、国务院办公厅印发《关于新时代进一步加强科学技术普及工作的意见》提出，到2035年，实现我国公民具备科学素质的比例达到25%的目标。

纵观近几年中国纪录片市场，虽佳作不断，但真正令人印象深刻的科学纪录片并不多，而总台创作的多部科学纪录片均榜上有名。在创作《手术两百年》时，陈子隽就考虑过这个问题。"这些年我国综合国力提升，科技、医学实力不断增强，我国大量外科手术处于国际顶尖水平，让我们有底气与世界对话！同时，总台这个坚实后盾也是我们纪录片创作者的底气，在资金、资源、政策上，总台都给予了我们极大支持。"

谈科学纪录片 | 总台给了我们创作的底气

纪录片的题材、分类众多，为什么选择了科学纪录片？

2006年，我从中国传媒大学硕士毕业，之后就在中央新影集团北京科学教育电影制片厂工作。科学纪录片是单位立足之本，我自然会受到这方面的训练和吸引，后来也参加过一些文化历史纪录片的拍摄。

拍纪录片《瓷路》时我负责宋瓷部分，那个时候我总是想在历史叙事的推进中，加入一些科学类、知识类元素，比如汝窑的开片技艺、钧窑为何"出窑万彩"等。

后面几年，在尝试很多类型题材，积累了一定经验之后，我比较明显地感觉到科学纪录片还是自己的兴趣所在。

在美国耶鲁大学医学院哈维·库欣研究中心，陈子隽见到了神经外科之父哈维·库欣保存的患者自愿捐赠的700个大脑标本

创作科学纪录片最难的是什么？

在当今融媒体时代，媒体与受众早已不是一对多的单向传播关系。科学纪录片如何在理性传播科学知识的同时，又能感性地讲故事，让观众愿意接受，这是我在工作中一直试图解决的困惑。另外，我做片子最怕做动画，因为国内有科学专业背景的动画团队比较少。要想做动画，需要先给动画团队进行科普。但我相信，随着国内科普作品、科幻题材作品市场的持续升温，这些问题会逐渐得以解决。

在拍摄纪录片《手术两百年》时,摄制组在首都医科大学宣武医院神经外科首席专家凌锋(左)的帮助下,才顺利联系到显微神经外科之父马哈茂德·加奇·亚萨基尔(右)

从一个创作者的角度来看,总台对于科学纪录片的创作、传播起到了怎样的作用?

在我看来,总台绝对是最好的平台。无论是《手术两百年》还是《大地之上》,如果没有总台这个后盾,我应该很难完成。如果不是在总台,我可能碰不到如此宏大的题材,也很难获得资金支持,并且按照自己的框架去创作。如果不是在总台,我们也很难获得如此强大阵容的专家支持。对科学纪录片而言,如果没有专家库支撑,就缺少了节目的权威性。

90多岁的显微神经外科之父亚萨基尔,是在接到了首都医科大学宣武医院凌锋主任帮忙写的推荐信后,才同意我们去土耳其进行采访的。可为什么凌锋主任这样的大专家,包括片中采访的郎景和、戴尪戎等15位院士,以及其他几十位国内外的专家学者会对我们产生信任,肯定是基于总台在国际上极高的权威性、影响力、公信力和美誉度。因为总台,他们相信我做的是一部严肃专业又有意义的科学纪录片。

《大地之上》亦是如此,国内几乎所有历史地理学专家、中科院自然地理学专家,我们能采的都采访到了。我敢说,这是别的平台不可能做到的。

谈《手术两百年》| 国力提升给了我们对话世界的底气

《手术两百年》将医学科普与历史文化融为一体，是一部精品。
医学科普的纪录片在国内比较少见，决定拍摄时会有顾虑吗？

最初制片人池建新老师找到我，觉得我能干。我当时30出头，年轻气盛，也有一些沉淀和经验积累，加上对这个题材感兴趣，根本没多想就答应了。

结果一梳理发现太难了！"手术""两百年"，听着是大片，做起来就是"大坑"。在拍摄前的调研阶段，我们拜访医学专家、观摩手术、开研讨会，在这个过程中经常被人问到，你们有医学背景吗？两百年历史，这么多纷繁复杂的主干、支线，怎么破题？历史部分多集中在国外，现实手术实操拍摄集中在国内，怎么架构这两条线？我们团队全是文科生，工作难度倍增。但既然接下了，就干吧！大不了从头学。好在我们每位分集导演都很厉害，也很能吃苦。

也有人质疑，中国人拍得了这个题目吗？当然拍得了！这些年我们综合国力提升，科技、医学实力不断增强，我们大量外科手术处于国际顶尖水平，让我们有底气与世界对话！

医学术语、原理对观众来说晦涩难懂，你是如何深入浅出地把晦涩术语讲得直观又明白的？

专业医学术语、原理确实很难用几句话讲清楚，而纪录片也不只是靠解说词叙事，所以，我们需要找寻影像承载的视觉主体、叙事主体，通过讲故事的方式，辅助专家讲解、动画示意乃至音乐渲染，去整体构建一个能让观众好进入、好理解的段落情境，帮助观众"拆解"医学原理。

譬如心脏外科历史上最重要的突破之一，就是人工心肺机的发明。怎么理解人工心肺机？我们选用了"心脏外科手术之父"克拉伦斯·沃尔特·李拉海的故事。

历史上，不停跳动的心脏一度是外科手术禁区。李拉海提出了一个"异想天开"的方案：二人同时手术，用一个活人的心脏去代替患者的心脏工作，医生就可以在患者心脏上做手术了。后来人工心肺机的发明，其实就是沿用这个活人心脏的思路，用机器去代替患者心脏工作。

李拉海已去世，我们找寻到曾经接受过他手术的患者迈克·肖恩——一个七八十岁、家中四世同堂的爵士乐手。通过他的讲述，去构建历史中李拉海的形象和他的手术理念，让观众在看一个惊心动魄的故事的同时，去理解当时心脏外科手术的瓶颈，以及后来人工心肺机的发明意味着什么。

陈子隽与迈克·肖恩夫妻合影

"心脏外科手术之父"李拉海的活体交叉循环技术证明了在手术中用其他设备代替心脏工作的思路是可行的

李拉海医生正在做心脏手术

片中出现了数十位全世界顶级医学专家,邀约采访的过程会不会特别曲折?

最初,我们参加各种研讨会。北京天坛医院赵继宗院士后来在《手术两百年》专家发布会上说:"这个团队来了3年,第一年来,我不知道他们是谁。然后怎么又来?一直没完没了地来。"到最后,赵院士不仅知道我们在做什么,还欣然配合。因为他认可了我们是在做一件很有意义的事情。很长一段时间,我就像个宣讲机,跟着分集导演去拜访专家。这些院士、专家其实都很好,他们一旦认可你的真诚和专业,很多事情,包括国外部分的采访拍摄都会变得容易。

谈《大地之上》| 用历史地理学视角看人和土地的关系

《大地之上》融入了很多人的故事,让人文地理科学交织展现,这样的设计是出于怎样的考虑?

"大地之上"有什么呢?有生活在不同地理单元上具象的人和故事,而人的聚集又产生文明。我们试图借助历史地理学科的视角来破题,构建人和土地的关系,带着观众在片子里建立的地理坐标体系中去了解自己脚下的这块熟悉又陌生的土地,而后去探寻自己是谁,我们的祖先如何在这里生存。往深了说,就是理解"何以中国"。

片中很多知识点早已为人熟知,但纪录片将熟悉的故事排列组合后,一些奇妙的碰撞出现了,让人眼前一亮。

如果说《手术两百年》的难,是所有故事没人接触过,太晦涩,那《大地之上》的难就在于每一个具体故事都被人拍过太多遍。而我要做的是怎么跟别人表达不一样,于是我们做了一个双线结构:一是大地之上发生的具体故事,一是知识线索。主体是历

陈子隽分享纪录片《大地之上》的创作心得

史地理学,同时交叉融合多学科,这样就可以让观众从其他角度去理解具体故事的背景以及故事可能的延展,从而增加吸引力。

比如坎儿井,很多人都拍过,但我们告诉观众坎儿井的出现是因为沙漠紧靠雪山这个独特的地理特征,是因为青藏高原的隆起使沙漠周边高山上的冰山融水渗入地下,所以有了坎儿井中的水。古人挖坎儿井就是沿雪水融化的轨迹打洞、引流,最后汇集到村庄储蓄水源。沙漠绿洲也是这样来的,而丝绸之路就是在沙漠绿洲中穿行。这样一梳理,就给了坎儿井多维度的立体解读。

《手术两百年》荣获 2019 中国纪录片学院奖最佳系列纪录片奖

谈未来 | 继续在科学纪录片领域深耕

近几年,国家加强了对科普的支持力度。作为一个科学纪录片创作者,你认为纪录片之于科普的意义体现在哪里?

我在《手术两百年》评论区看到有人留言:"我又来报到了,因为我考上了医学院!""看了这部片子,我又找回了身为医生的荣誉感和使命感,谢谢!""医生太不容易了,医患从来就是同一阵营共同对抗疾病的。"我觉得这就是科普的意义。

还有《大地之上》,我自己的感受就是因为这部片子,我对脚下的土地,对中国人的身份有更深的理解。如果能帮助大家更了解这片土地上的人和文化历史,继而因为我们与它的联系而生出自豪感,我感觉这就足够了。

当然,科学纪录片能让更多人喜欢看,觉得科学有意思,愿意来了解甚至加入其中,不也是重要的意义吗?

能否谈谈新作品和未来计划?

我刚做完一部亚运会主题系列纪录片《嗨,亚运》,这是亚运会官方纪录片,在亚洲近20个国家进行拍摄,梳理了亚运会70年的历史演进,讲述有关亚洲体育与亚洲人的故事。

当然,其中也不乏与科技相关的部分。但是这套片子会更注重文献纪录片的功能,亚运会的历史资料因为各种原因保存得没那么完整,希望通过这次系统梳理,能为亚洲体育留下影像记忆,也希望通过我们的破题方式,能把一个主题式纪录片变得更有意思、更具国际传播力。

未来,我也会继续在科学纪录片领域深耕,制作更多既有国际视野、国际水准,又有中国人独立视角、独立表达的纪录片作品。

闲聊两句

能否推荐几部自己喜欢的纪录片作品?

《寻找小糖人》和《外婆的照相馆》。这样的作品让人看到纪录片不只是简单的记录和跟随,而是同样需要讲究结构的布局、戏剧的张力,以及注重人物的选择、塑造,需要很强的技法。

在你看来,纪录片人必备技能有什么?

好奇心、真诚以及对采访对象发自内心的尊重。我不愿消费别人的苦难,是记录、分享,还是消费、剥削,有时只是一线之隔。需要我们有职业操守,才能让片子真正打动人和具有长久的生命力。

如果不考虑成本,你最想拍的是什么?

关于宇宙探索、天文类的题材,应该很有意思,但太贵了,也很难拍。其实我对很多题材都很好奇,比如音乐,梳理一下音乐百年发展历程之类的吧。

让你觉得最放松的事情是什么?

听音乐。纪录片的落地执行是一个持续高强度又烦琐的过程,需要逻辑、理性、条理。而音乐是一种抽象的艺术,会让我生出很多感受性的东西,对我来说是非常好的放松方式。

记者:李冰　中国电视报

转换赛道是全力奔跑的
新起点

温露

Wen Lu

中央广播电视总台新闻新媒体中心记者、制片人
《驻站观察》《英雄回家》节目制片人

温露

中央广播电视总台新闻新媒体中心记者、制片人。自1999年入台以来坚守在新闻一线，数获中国新闻奖、中国广播影视大奖等各类奖项。

2019年，温露调任新闻新媒体中心。她每年参与央视新闻直播近4000场，成功转型成为一名优秀的全媒体记者和团队制片人，获得总台第二届十佳记者称号。2021年，在河南特大暴雨灾害报道中，温露带领团队创新采访模式，首次围绕网络互助平台形成闭合式报道，获中国新闻奖。2020年至2022年，温露连续4年参与在韩志愿军烈士遗骸归国全流程直播，相关内容年年全网置顶。2023年在杭州亚运会、成都大运会、上海进博会、海南消博会等重大报道项目中，温露作为央视新闻新媒体前方报道团队负责人之一，精心策划组织了大量优质的新媒体直播、视频节目。

温露在多个大型项目中表现突出，获得2022年"新春走基层"活动中央新闻单位先进个人、宣传文化系统抗击新冠肺炎疫情先进个人、第31届世界大学生夏季运动会先进个人等荣誉称号。

"我不喜欢一成不变的生活"

2019年8月对于温露来说是难忘的,那是她调任中央广播电视总台新闻新媒体中心的时间。

此前,温露在新闻中心工作了20年,她的名字可能不像经常出镜的主持人那样为大家所熟知,但她的每一次报道名声都是响当当的,如《"三个代表"在基层》《经典中国》《新春走基层》《精彩中国》《直播长江》《湟鱼洄游季 探秘青海湖》……

人到中年,温露没有在自己熟悉的领域继续奋斗,而是开启了向一名全媒体记者和团队制片人转型的"打怪升级"之路。

告别自己熟悉的战场,转换到一条全新而充满挑战的赛道继续前行,温露怀着满满的兴奋与期待。"可能跟我的性格有关系,我不喜欢一成不变的生活,我希望能一直尝试新东西,在工作中找到新鲜感。"

然而转变总与阵痛相随,回忆起一开始适应新工作的过程,温露直言自己也经历过转型的痛苦。"仅靠工作20年锻炼出的大屏思维,到了新媒体领域还真有点'玩不转'。"

为了让自己从思维认知的"根儿"上有所转变,温露不仅积极学习行业内的成功经验,还把自己变成了各大新媒体平台、社交网站的深度用户。"不管是热门还是冷门、老牌还是新兴的网络平台,我一定要坚持去体验、观察,在这个过程中养成'网感',让自己向年轻人靠拢,培养用户思维。"

现在,破茧成蝶的温露,在新媒体报道领域也已是硕果累累。从70小时不间断的庆祝新中国成立70周年大型融媒体直播,到庆祝澳门回归祖国20周年的大型融媒体报道,再到连续4年的在韩志愿军烈士遗骸归国全流程纪实直播,还有《江河奔腾看中国》《丰收画卷》等大型融媒体项目……

温露笑着说,这条赛道让她焕发了职业生涯的第二春。

未来,温露希望自己能继续在新媒体赛道上全力奔跑,尝试更多的报道题材和样态。"慎海雄台长多次强调'大象也要学会跳街舞',就是要求总台这头大而灵活的'大象'要在新的领域继续引领潮流。作为'大象'身边的'小蚂蚁',我也要随之舞动,直面外界变化,打败不擅长,让下一个报道成为我更好的报道。"

谈挑战 | 直面新角色

来到职业生涯的新赛道，你主要负责哪些工作？

来到新闻新媒体中心，我的核心工作是先把各方资源的架构搭起来。这个过程就像搭积木一样，要一层一层架稳搭牢。5年来，我们拉通了总台31个地方总站，以及300余家地方媒体。这些资源共同构成了完整的信息链条，组成了一片新闻的汪洋大海，给了我们非常大的拓展空间。

可以说，搭好"积木"为后续工作提供了架构支持和通畅的信息渠道，保障我们面对新闻时能"一跃而起"。在此基础上，我们再去挖掘好选题、跟进好项目，并为之选择合适的报道方式，调动所需的各方资源。

角色转变的核心是思维的转变，你认同吗？

可以这样说。举个让我印象深刻的例子吧，2019年底，我带领全组人员赶赴西藏参与制作《西藏脱贫进行时》特别节目，那次经历对我来说挺痛苦的。当时我写了一个自认为"完美"的策划案，可是领导的反馈却是"你这还是大屏思维下的操作方式"。这让我感到有点蒙，我当时的第一个想法就是"光有大屏思维，还真干不好新媒体"。

在冬天的拉萨，我的高原反应很厉害，还要硬着头皮去想到底怎么改方案，当时我就有了一个很扎心的认识——从大屏转小屏，真不是那么容易。

后来，我摸索着调整了报道方式，采用轻量化操作，不再像以前一样到站先搭演播室，再请嘉宾来访谈，而是关注新闻现场最鲜活的东西。比如用无人机航拍加记者沉浸式探访直播的方式，带领网友多角度体验西藏产业、教育、住房、乡村振兴、生态保护、重大工程等方面的脱贫成果。虽然报道主题是提前设置好的，但每一个直播点的设计都是从进入生动鲜活的现场开始的。同时，记者在直播报道中也调整了自己的语态，用网感化的表达贴近网友，并实时回应网友在直播中的留言，增强与网友的互动。最后，节目的呈现效果还不错，我也在实践中直观体会了一把什么是用户思维。大小屏的受众群体有很大不同，我们的报道模式也要随之转变，这是我必须直面的挑战。

还有"缺乏网感"，也是一开始干新媒体工作的人容易被批评的点。我把自己变成了B站、微博、小红书、抖音、快手等各类平台的深度用户，因为要在新媒体平台上做文章，首先我自己得了解这些平台的受众爱看什么，最新鲜的梗有哪些。有时候看一个短视频入了迷，我就会复盘它哪里吸引了我。经过5年的探索实践，我总算有了些许突破，现在也算是兼具大小屏思维了。

2023年第三届中国国际消费品博览会，央视新闻新媒体前方报道团队

现在你还担任新媒体项目负责人、团队带头人，这对你来说是怎样的挑战？

带团队是个偶尔会让我有点头疼的挑战。当记者更考验个人能力，但现在带团队做项目，对我的领导能力、协调能力、统筹能力，甚至情商和格局都是锻炼。我的思维方式肯定跟年轻人有些差异，但是我在努力向他们靠近。

我觉得我在团队里像"鸡妈妈"又像"老鹰"，一方面我要保护我的"娃娃"们，另一方面我也要鞭策他们，带领他们不断进步。

团队里的年轻人特别多，基本都是90后，我都是手把手教他们，"扶"着他们一步步适应各类型工作，实现自我价值。我还得发掘每个人的亮点，让他们干自己最适合的工作，以此让团队能量最大化。面对这方面的挑战，我仍在不断探索。

温露在总台新闻频道播出线上

谈内容 | 时刻把用户和创新放在心上

面对纷繁复杂的信息，哪些选题、方向是你重点关注的？

其实各类选题我都有涉猎，不管是主题主线报道，还是"硬核"新闻、突发新闻，抑或是一些轻松主题、互动类报道。我没有给自己设限，只要觉得有亮点有创意，我都尽量尝试。

比如 2023 年报道全国两会，我们跟电视大屏联动做了《两会@你聊》特别节目，让老百姓来谈自己对两会的期待和关注。这是我们第一次尝试用新媒体的方式做海采，结果非常成功，创造了大小屏融合的亮点。

所以，其实我并没有限制自己小屏就一定不碰哪些内容，而是一直在进行创新尝试。

从 2020 年到 2023 年，你连续四年带领团队在新媒体平台直播在韩志愿军烈士遗骸归国全流程，收获了来自网友"直击灵魂"的评价，这是如何实现的？

2020 年，当总台央视辽宁记者站的同事跟我交流这个选题的时候，我的第一感觉就是"这是一个好选题"。

其实，2020 年已经是第七批在韩中国人民志愿军烈士遗骸归国了。但是当时有一个不同于往年的变化，就是在机场进行迎回仪式之后，还要将烈士遗骸棺椁全程护送至沈阳抗美援朝烈士陵园，并举行安葬仪式。我们就以此作为新媒体传播上的突破口，在各大平台进行了全流程纪实态直播。

特别是从机场到烈士陵园的 40 分钟路程，我们没有加一个采访或记者现场报道，就只用直击现场的画面。不同机位的镜头一路跟随车队，还有沿街群众行注目礼的各种特写，配上小号演奏的《思念曲》，情绪的渲染非常自然，网友纷纷自发刷屏表达自己对英雄的敬仰。

其实一个自身饱含情绪的选题，是不需要人为过度渲染气氛的。这个新闻事件本身就已经足够动人，我们要做的就是让大家沉浸到现场，让网友感觉自己就在现场，目送装载着归国英雄遗骸的车队驶向烈士陵园。那一刻，所有人的眼泪只为这些烈士而流。

就这样，我们针对这一选题成功探索了在新媒体平台做纪实态直播的思路，直播中的很多精彩内容都被《新闻联播》选用，实现了重磅、"硬核"内容小屏返大屏。

从 2021 年到 2023 年，我们又分别进行了新尝试，丰富了机位的设置，每年都使用了比上年更先进的特殊拍摄设备，增加了塔台"天地对话"的内容。由于 2022 年和 2023 年直播时分别遭遇暴雨和大雪天气，我们还针对突发天气情况进行直播内容的调整补充。特别出彩的是 2023 年，央视新闻突破性地派记者跟随专机，记录下从韩国一路护送在韩志愿军烈士遗骸归国的全过程，在直播和视频节目中播出了诸多独家画面。

这4年，我对自己的要求就是每年都寻求新突破，哪怕是同一个报道项目也要做到"年年有创新"。我要尽可能给受众呈现他们最想看的东西，让他们沉浸其中，他们才会被我们的直播报道打动。

温露连续四年带领团体在新媒体平台直播在韩志愿军烈士遗骸归国全流程

2023年《520"劲"情表白吧 | 与小撒邂逅草本里的浪漫》直播结束后团队合影

你负责的很多选题不仅"火出圈"，而且还吸引了很多"自来水"网友自发传播，在这方面你有没有什么心得能与我们分享？

举个例子，比如2022年我们做《丰收画卷》时，有一个配套的视频产品叫"数说秋收"，播出后每一期都上热搜。归根结底，除了产品本身的包装方式很新颖之外，还有一点就是我们在每一期节目最后加了一个农业相关的"冷知识"，比如全国每九碗饭就有一碗来自黑龙江，颜色越深的蔬菜营养价值越高，等等。

说白了，这就像一种正向的"造梗"，我们给出了受众关注但平时可能想不到的一些有趣的知识点，能让大家参与互动讨论，有讨论度自然就有网友自发的传播。这个过程就像我们在产品里给大家埋了一些惊喜，期待他们去发掘。

做新媒体，用户思维和创新思维要时刻牢记。

谈转型｜做一朵不断向前奔涌的浪花

从做了 20 年的电视新闻转为深耕新媒体领域，你如何看待自己的转型？

新媒体是近些年的一个新兴发展趋势，在这个领域有很多奇思妙想，而且只要有了操作方式就可以把"海阔天空想"变成"脚踏实地干"，我很喜欢这一点。

对我来说，从大屏到新媒体，我最开心的就是有了一个进行无限创造、追求自身突破的空间，让我能更自由地发挥一些理念和想法。不管是形式还是内容，甚至是最新的技术设备，只要能想到就可以去尝试。

当然，也不是任由我"放飞自我"。直播的数据都是实打实的硬指标，为什么有的"火出圈"，有的没人看，我都要时刻复盘反思。这也鞭策着我不断追逐新样态、新鲜事，追逐年轻人的思维。一个星期不上网，很多东西你就不理解了，很多梗你就接不上了，我觉得在新媒体领域，自己就像潮头上一朵不断向前奔涌的浪花。

我的性格就是大大咧咧的，同时又有比较好的抗压能力和执行能力，这些都让我十分适应新媒体的工作节奏。除了一开始的阵痛期有点痛苦，后面的工作都让我觉得很兴奋、很快乐，就像人到中年还焕发着青春活力。

2024 年初，温露在央视新闻《国货大拜年·年在一起》直播特别节目播出线上

2019年，温露在上海第二届世界顶尖科学家论坛直播现场

2023年，温露在上海国际车展直播现场

你形容自己的工作就像在"跟着大象跳街舞"，你怎么就能跳得这么轻松自如呢？

总台的平台优势太重要了，我们有最受关注的新媒体账号，有最前沿的科技设备，更有响当当的口碑……不管走到哪儿，作为总台的一员，我的腰杆都是挺直的，这些都帮助我在转型创新的道路上走得更轻松。

另外，我身边都是优秀的领导和同事，他们的出色也激励着我不断向前奔跑。在面临一些外部挑战时，总台又能把我们很好地保护起来，解决我们的后顾之忧，让我们安心在岗位上发挥自己的能力。能有今天这一点微不足道的成绩，我必须感谢总台，我为自己是一名总台人而骄傲。

我特别喜欢一句话，"所有评价都要在行动中获得"，我也是一直这样要求自己的。埋头干活，不矫情，不纠结，不提前吹嘘成绩，而是用心干好每一件事，用成果作为获得认可的敲门砖。

你生活中有什么爱好吗?

我喜欢收藏各种杯子、瓷器，不是很"烧钱"的那种收藏，我就是单纯觉得赏心悦目，这是我对自己的一种奖励。我从小学习钢琴，对各类音乐都比较喜欢。我爱听交响曲、摇滚乐、Rap……偏爱节奏感强的音乐。我还喜欢看电影，好电影上映时哪怕是一个人我也要去看。

你曾经说"就算工作繁杂、压力巨大，我每天都能以饱满的热情投入其中，从忙碌中寻找快乐和动力"。你是如何做到的？累的时候如何给自己"解压"？

到了我这个年龄，抗压能力早就在工作中锻炼出来了。现在崩溃的瞬间也会有，但是我已经学会了让负面情绪不过夜。再多的"解压"方式也都是手段，内心强大才是根本。实在难受的时候，在各大平台上刷刷好玩的视频、段子，听听带劲的音乐、看看美景，情绪一会儿也就过去了。

记者：吴楠　中国电视报

开启一场全新的奔跑

中央广播电视总台社教节目中心制片人、主持人
主持《美术经典中的党史》《艺术里的奥林匹克》《大师列传》

王筱磊

从事播音主持工作 27 年，主持《美术经典中的党史》《大师列传》《艺术里的奥林匹克》《考古公开课》《健康之路》《热线 12》《守护明天》等日常节目及特别节目，《年度法治人物颁奖盛典》《中国骄傲》《慈善之夜》《闪亮的名字》等重点节目，"6·26 国际禁毒日"等现场直播报道和《公诉精英》《守护明天》等重要活动。

荣获中央广播电视总台第二届十佳电视播音员主持人称号，庆祝中国共产党成立 100 周年系列宣传报道个人嘉奖，主持的节目《艺术里的奥林匹克》获得国际奥委会最高奖奥林匹克金环奖。

> **" 主持不仅仅是一份工作，更是一种生活、一种生命存在的状态 "**

"您好，我是王筱磊。"每一次采访王筱磊，都是这样未见其人先闻其声，一声热情爽朗的问候，瞬间拉近了彼此之间的距离。

很多观众对王筱磊的印象始于法制节目：或坐在演播室里将案例中蕴含的法律知识娓娓道来，或跟随缉毒警冲在缉毒第一线，或身着警服、头顶烈日担任"特警教官"……这个干练、热血的主持人给观众留下了深刻印象。

2021年1月25日，百集特别节目《美术经典中的党史》在中央广播电视总台央视综合频道播出，这是在主流媒体开播的首档呈现党的百年征程的专题节目。节目中的一幅幅画作，闪耀着党史的光辉，凝聚着人民的心声。王筱磊时而面对镜头讲述美术作品的创作背景，时而和来自党史界、美术界的嘉宾探讨作品的重大意义，让观众看到了一代代美术家的艺术成长历程与党史的有机联系，加深了大众对党史的认识和理解。

2021年11月19日，《艺术里的奥林匹克》在总台央视奥林匹克频道和观众见面。节目中，王筱磊和美术界的专家们通过对优秀艺术作品的解读，将中华优秀传统文化中独特的文化内涵、价值取向与奥林匹克精神完美结合，向世界展示了中华民族的文化与自信。

2022年9月30日，大型文化节目《大师列传》在总台央视科教频道精彩亮相。在目前已经播出的三季节目中，王筱磊和著名画家冯大中、中国国家画院研究员石齐、著名华人艺术家曹俊等嘉宾一起，以传承接续之心编织金线，串起中国艺术史上一颗颗明珠，为观众奉上气韵生动的文艺精品。

这三档节目，又让大家认识了一个全新的王筱磊——亲和、自然、睿智，对党史、艺术领域的专业知识信手拈来，侃侃而谈。

从当年那个凭着一腔孤勇参加央视主持人大赛的陕西小伙，到荣获中央广播电视总台第二届十佳电视播音员主持人称号的资深主持人，回顾20多年的主播生涯，王筱磊感触颇多。在他看来，自己这一路走来，有努力、有幸运，每一次新的挑战都是开启一场全新的奔跑。

谈节目 | 经历心灵的洗礼

2021年，王筱磊参与庆祝中国共产党成立100周年总台重点节目《美术经典中的党史》

《闪亮的名字 2023 最美家庭发布仪式》节目中，王筱磊采访航天员王亚平一家

回顾近年来的工作经历，哪些节目对你产生了巨大的影响？

当属《美术经典中的党史》《艺术里的奥林匹克》和《大师列传》。我认为这三个节目是一脉相承的，它们的基础逻辑都是讲好中国故事，也就是通过"思想＋艺术＋技术"，把中华优秀传统文化以及新时代取得的一系列伟大的艺术成就，用公众易于接受的方式，进行系统的梳理总结。

眼下无论是社会环境还是媒体环境，都在发生巨大的变化，这时候主流媒体的引领作用至关重要。在这三档节目的制作过程中，我始终处在一种非常积极、昂扬的状态，切身感受到了作为新时代媒体人的社会责任感和使命感。所以，如果说哪些节目对我影响巨大，非它们莫属。

在这些节目录制的过程中，哪些事情深深触动了你？

《美术经典中的党史》有一期节目，介绍由画家骆根兴创作的画作《西部年代》。《西部年代》是一幅再现历史瞬间的大型肖像画，画家骆根兴将我国"两弹一星"研制和试验的直接领导人与酒泉基地的开创者巧妙地组合在一个画面里，成功地塑造出他们的个性风采。画面中藏青色的天空、枯黄色的胡杨林，渲染出西北戈壁的苍凉壮阔之美，画作中的光线呈现了大漠独特的强紫外线，浓烈炽热的岁月沧桑之感跃然纸上。

我在节目录制之前做了案头工作，了解到这幅画反映的那段历史。20世纪50年代，我国为抵御帝国主义的武力威胁，打破大国的核垄断和核讹诈，尽快增强国防实力，保卫国家安全，维护世界和平，党中央和毛泽东同志毅然做出研制"两弹一星"，重点突破国防尖端技术的战略决策。十余万科研人员和参试部队告别了亲友家人，走进祖国西部的神秘禁区，克服重重困难，最终不辱使命，完成了任务。

《甘肃发现大型秦代礼制性建筑基址群》入选总台发布的2023年度国内十大考古新闻，王筱磊在甘肃礼县四角坪遗址现场采访

2023年12月，王筱磊在中哈边境和边防战士一起巡边，录制特别节目《暖春行动》

听说录制《革命理想高于天》一集时，你和嘉宾都掉眼泪了，能和我们讲讲吗？

在《美术经典中的党史》录制《革命理想高于天》这一集的时候，我们请来的是党史专家邵维正老师。这幅画的创作背景，是中央红军长征穿越松潘草地的壮举。年过七旬的邵老讲起这段历史，热泪盈眶。

邵老师告诉我，他重走草地时，曾经遇到当地一位宣传干部。这位宣传干部对邵老形容过草地之万般艰辛，"如果我是当年穿越松潘草地的一员，哪怕有人跟我说，只要你能坚持下来，14年后可能就能成为开国将帅之一，我很可能都坚持不下来，因为实在是太苦太难了"。

了解了这些，再去看《革命理想高于天》这幅画，看到毛主席满面笑容地坐在篝火旁，那些红军战士带着对革命理想的憧憬凝视着毛主席，我也前所未有地理解了什么是革命乐观主义精神。后来，我在国家博物馆再次看到这幅画，也和邵老一样热泪盈眶。那一刻我深深地感觉中国共产党跟中国历史上所有的政党都不一样，这支队伍与其他队伍都不一样，只有中国共产党能够带领中国人民过上幸福的日子。

主持像《美术经典中的党史》这样的节目，对我来说就是经历心灵的洗礼。

谈主持 | 转变源自内心的力量

很多观众、网友都评价你在主持《美术经典中的党史》《艺术里的奥林匹克》《大师列传》时，体现了与之前不一样的主持风格，特别平和、接地气。这种转变对你来说意味着什么？

于我而言，节目中每一次嘉宾采访都是宝贵的学习机会，用"如饥似渴"来形容不为过。这两年多的时间里，每次接到一个新的选题，我至少要看10万字的文字资料。每次录像之前，嘉宾到达录制地点后，我就利用嘉宾化妆、候场的时间，和对方进行深入交流。

无论是作为党的新闻工作者，还是作为总台主持人，我都肩负着职业责任，要让大众接受我讲的内容，要通过自己的提问，传递出一种精气神。这就要求我不能端着，也不能调侃。

大家从这些节目中感受到的平和、接地气，背后是节目内容以及同嘉宾的互动给予我的力量。我没有刻意追求不同的主持风格，而是打碎自己、淬炼自己、锻造自己，形成了适应节目需要的风格。

你是通过参加央视主持人大赛，成为一名央视主持人的。能讲一讲其中的故事吗？

我上大学的时候，在西安人民广播电台从事播音主持工作。大学毕业后，来到陕西电视台做主持人。原本我打算考研，然后换一个职业方向。那时候我家里常年订阅《中国电视报》，我母亲在报纸上看到了央视举办主持人大赛的消息，建议我去试试看，检验一下自己专业水平如何。

于是我报名参加了央视主持人大赛，以西北赛区第一名的成绩晋级，复赛是全国第四名，总决赛是全国第十一名。后来，凭借广大观众朋友填写的《中国电视报》上的选票，我荣获"最受观众喜爱的主持人奖"。那是一个电子产品还没有普及的年代，这个称号真的是观众一张选票、一张选票地投出来的，因此这个奖在我心中的分量特别重。从某种角度来说，是观众把自己对《中国电视报》的情缘投射在我的身上，才有了这个美好的结果。

2023年，王筱磊主持总台节目《艺术里的奥林匹克》

谈转型 | 一次有益的尝试

在社会与法频道《方圆剧阵》栏目播出的《剧说〈民法典〉》里,你首次转型担任制片人。这次转型最大的难点是什么?你又有哪些收获?

为了《剧说〈民法典〉》的剧本创作,我初筛100多个案例,最终优中选优,确定了12个案例。在我看来,这次创作最大的难点,是如何在情景喜剧的框架内融入《民法典》相关法条,准确地传达法义。情景喜剧不好做,要让观众发自内心地笑出来,必须有密集的笑点;与此同时,又需要把所有案例都安排在同一个空间里,人物关系还要合理,这就得颇费一番脑筋了。比如《剧说〈民法典〉》第一集中讲了一个案例,小冬和小冉兄妹俩的父亲早年间丧偶,后来偶遇自己的青梅竹马刘阿姨,两个人想再组成一个家庭。小冬担心刘阿姨和父亲结婚之后给自己带来经济方面的负担,便以"健康保证金"为由向刘阿姨索要50万元。结合这个案例,节目邀请律师为观众解读《中华人民共和国民法典》中关于婚姻家庭关系的法律知识点。《民法典》第1042条规定,禁止包办、买卖婚姻和其他干涉婚姻自由的行为,禁止借婚姻索取财物。因此,节目中小冬的做法是不妥当的。

和剧组主创共同奋战,让我收获颇多。除了在剧中饰演居委会副主任常有理的相声演员应宁,其他演职人员绝大多数都是90后乃至95后。拍摄工作集中在3天完成,结果第一天熬到凌晨2点多,第二天熬到凌晨4点多,第三天熬到早上7点多,很是辛苦,但是大家始终非常认真负责,让我很感动。

这次转型无论成功与否,于我都是一次有益的尝试。

2023年,王筱磊主持总台节目《大师列传》

> 闲聊两句

在工作之余，你有哪些爱好？

读书和做饭。工作虽然忙，但只要我在家，就喜欢给家人做饭。和朋友们在一起聚会的时候，我也会经常聊起美食的话题，那是我最放松的时刻。

身为父亲，你最想让孩子培养哪方面的好习惯？

我最想让他们放下手机、多看书。我要求他们每天背一首诗或者一段短文。因为曾经看到过一段话：10岁背书是在钢板上刻字，20岁背书是在木板上刻字，30岁背书是在豆腐上刻字，40岁以后背书就是在水上刻字。我希望我的孩子在成长的过程中抓住宝贵的学习机会。

在《中央广播电视总台2023主持人大赛》中，你担任了专业评委，你有没有什么经验、感悟，想和"后浪"们分享？

我在自己的主持生涯中取得的所有成绩，都离不开张颂先生、鲁景超教授、吴郁教授和各级领导的悉心教导与培养。我希望告诉更年轻的伙伴，主持不仅仅是一份工作，更是一种生活、一种生命存在的状态，所有的行走、阅读、接触、思考和感受，可能都在未来的某一个时刻使你能够驾驭节目。

记者：王婧 中国电视报

执甲者

敢战必赢，一跃而起

中央广播电视总台驻美国芝加哥记者站首席记者
参与《美国俄亥俄州列车脱轨致有毒气体扩散》等报道

刘骁骞

奔跑在新闻现场的"打鱼人"

中央广播电视总台驻美国记者、第二届十佳记者获得者。参与《美国俄亥俄州列车脱轨致有毒气体扩散》《美国非洲裔男子弗洛伊德遭白人警察"跪压"致死案》等热点事件追踪报道。2021年,凭借对美国大规模反种族歧视抗议和城市暴乱的一线报道荣获2020—2021年度中国广播电视大奖。同年,制作系列报道《原罪 | 美国原住民寄宿学校黑幕调查》,获总台优秀作品奖一等奖。央视新闻频道推出冠名报道《骁骞奥运观察》《骁骞探访"哥武"丛林游击队》等。著有《陆上行舟:一个中国记者的拉美毒品调查》《飓风掠过蔗田:一个中国记者的古巴见闻录》。

"好新闻是靠'跑'出来的"

"今天可能有一档早间新闻连线，还没有确定，但我先起来做一些准备。"接通刘骁骞的电话，是美国当地时间2023年2月17日清晨5点多。连续奋战了三天的他，声音难掩一丝疲惫。

2023年2月3日，美国俄亥俄州列车脱轨致有毒气体扩散，这起污染事件广受各界关注。刘骁骞探访事发地东巴勒斯坦城，传回现场画面，为观众带来及时、客观的报道。镜头中他仅着便装、佩戴普通防护面具出镜，着实让人为他捏了一把汗。

刘骁骞是一名总台长期驻外的新闻记者。他穿越一段段风险极高的"生死旅途"，带国人去了解不熟悉的世界。他温和的外表下，有着勇敢无畏的思想灵魂。

2014年，在节目《走进"上帝之城"》中，刘骁骞孤身深入巴西贩毒集团进行调查，面对着全副武装的毒贩，他依然应对自如、临危不乱。一夜之间，观众记住了这个外表斯文，却报道"最猛新闻"的小伙子。此后，从拉丁美洲到北美，刘骁骞"奔跑"在各大新闻现场：在美国明尼苏达州的游行现场，面对警方的催泪弹，他一边奔跑一边坚持报道；疫情中，他通过镜头记录下真实的美国；他探访美国的流浪者，讲述他们是如何在一条几平方米大小的船上生活的……

因为有刘骁骞这样的记者，我们才能离真相越来越近。

刘骁骞是个好记者。但当他面对记者，却说自己"不是个很好的采访对象"。这不难理解，好新闻是靠"跑"出来的。或许在现场奔跑的刘骁骞，才是他最本真的自我，也是他做记者的快乐源泉。

谈报道 | 不是一帆风顺，要做最好新闻

美国俄亥俄州列车脱轨致有毒气体扩散事件后，你赶赴事发地东巴勒斯坦城，与国内进行新闻连线。但观众发现，报道时你也只是做了简单的防护。

这个任务，大家都知道风险很大。最开始，我们订购了非常专业的防护服和防护面具，但是还没收到，就得知东巴勒斯坦城即将举行一场官方市民大会，解答民众疑问。根据多年从业经验，我们预判这场活动会综合多方信息，成为新闻焦点。如果等装备，就得晚一天出发，势必会错过报道和传播的黄金期。这种情况下，我们临时买了基本款的防护面具，下午2点就驱车赶往东巴勒斯坦城。

刘骁骞实地探访美国俄亥俄州列车脱轨事故现场

我们最开始的设想是快进快出，不在事故发生地一次性停留太长时间，控制污染物对身体的潜在威胁。没想到抵达当天就待了将近8个小时，因为有价值的、可挖掘的东西很多。我们赶到了事发地列车脱轨处，拍摄了最新的现场情况。

白天抵达的时候，小镇异常平静，看不到人；傍晚的市民大会却来了几百人，很多周边县市的居民也来参加。主办方原计划一对一解答民众疑问，由于到场人数多出预期，只好选择性点名。

刘骁骞实地调查列车脱轨事故对事发地东巴勒斯坦城居民生活的影响

在市民大会现场，我还是切身感受到了市民恐慌的情绪。虽然美国的一些机构一直在强调处置措施安全合理，但当地市民报告有人起红疹、有人家里的宠物死亡、野外也有鱼死亡，我把这些情况真实地报道了出来。

刘晓骞在美国明尼阿波利斯市现场报道白人警察暴力执法事件"弗洛伊德案"的审判结果

你的很多报道过程都充满艰辛,这一次遇到最大的困难是什么?

这次的报道团队只有我和一名外籍摄像师。所以连线的时候,我一边要和"家里"(总台)沟通信号,一边要顾及内容的采编,一个人要负责很多项工作。

连线还遇到了意外,测试信号时怎么都连不上。如果错过《朝闻天下》视频连线的窗口期,就只能被迫改成电话连线。我和摄像师冒这么大的风险来到现场,如果只能做电话连线,实在是很可惜的一件事。为此我紧急调试了将近一个小时,才终于实现信号对接。最终报道呈现的效果很好,让我觉得一切努力都值得。

其实进行这次报道之前,我甚至没敢告诉父母,家里人也是通过国内的新闻才知道。我的妈妈是化学老师,她事后得知我到了离泄漏事故现场这么近的地方,也很担心。

刘晓骞在"弗洛伊德案"的发生地直播报道相关纪念活动

谈驻外 | 不是每天精彩，努力才得机缘

你做的新闻选题基本上都是主动发掘的，在这方面你有自己的独门秘籍吗？

我的独门秘籍，是多观察、多思考，有好奇心，才能寻找到好的选题。举个例子，在巴西采访的时候，我发现高速路旁有很多驴子。出于好奇，我去询问当地人，原来驴子曾一度是这里主要的交通运输工具，后来很多人买了摩托车，驴子没地方安置，就扔在路边。我开始设想，当地的交通部门会不会有一支队伍，是专门抓驴子的？这些驴子抓到后会怎么处理，会不会被关进监狱？经过一番调查，才发现那个州真的有一支交通分队专门负责抓驴子，也的确有一座关驴子的监狱。

你曾身处战乱国家，也在发达国家常驻，很多人都对驻外记者这个职业很好奇，你是如何理解这个职业的？

驻外记者如果直接去美国，或者说其他发达国家，可能会错过很多宝贵的体验。之前我曾驻站巴西，每一次去亚马孙雨林，都要飞机、船轮番坐，没有地方睡觉，在河里面洗澡，住在当地人的部落里，自己扎帐篷。这种长期风餐露宿的状态对身体的伤害很大，我得了严重的荨麻疹，大概两年时间都非常痛苦。但身体极度疲惫的同时，我收获的经验也是格外宝贵的。

这份职业本身也有很强的不确定性，每一次报道都是新的挑战。我的采访大都在户外进行，95%的工作都由我和一名摄像师完成。这份职业的工作模式很像出去打鱼的人，如果收获颇丰，鱼又很新鲜、品种稀缺，我就可以做出一顿大餐；反之，如果没有收获，或者只捕到小鱼小虾，就没办法做出好饭菜。成功与否，既有努力摸索打下的基础，也有机会的助力。在收获不大的时候能够坚持奔跑在一线，也很重要。

你报道过的事件或者采访过的人中，有哪些给你留下了深刻印象？

2022年驻扎在美国，除了我一直关注的种族问题，我还做了一些无家可归者的选题。印象比较深的，比如旧金山有很多无家可归的人，其中有一个群体会在海湾寻找废弃的船只，找到后就居住在船上，省去了租金，景色也还不错。为了真实呈现他们的生活，我联系了好几个常年生活在船上的无家可归者，上船体验、拍摄他们的生活，制作了一个专题片。

谈生活 | 不是安于现状，要当敢想之人

刘晓骞实地报道 2020 年美国明尼阿波利斯市大规模反种族歧视抗议引发的城市暴乱

你的名字里有个"骞"字，家人一定希望你从小勇敢。你的"大心脏"是与生俱来的吗？

我确实觉得自己从小就是一个胆子很大的人，也是一个很敢想的人，敢于憧憬更美好的生活。

我是福建泉州人，我的家乡被称为"侨乡"。小时候，我们那里经济发达，但相比于经济的繁荣，文化资源就显得十分贫瘠。印象里，我连自己喜欢的杂志都很难买到，还要拜托别人从福州买来寄给我。

所以，和很多长大后希望开工厂当老板的家乡同龄人不同，我当时就立志，希望自己长大后可以从事文化产业类的工作。敢想，最终使我选择了现在的工作。

2020年,刘晓骞出版非虚构作品《陆上行舟:一个中国记者的拉美毒品调查》

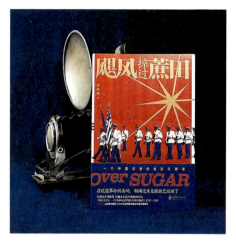

2022年,刘晓骞出版非虚构作品《飓风掠过蔗田:一个中国记者的古巴见闻录》

我们看到你家里摆满了书。2020年和2022年,你还分别出版了两本书,《陆上行舟:一个中国记者的拉美毒品调查》和《飓风掠过蔗田:一个中国记者的古巴见闻录》。你后续还有什么写书的计划吗?

其实读书本身是我的个人兴趣,我从中获得很大的乐趣。不可否认的是,读书是很花时间的一种兴趣,可能对于工作也没有非常直接的帮助,但是日积月累一定会有质的改变。比如我很喜欢读长篇小说,对于一部长篇小说而言,整个故事的结构是很重要的。久而久之,我做调查报道的时候,也会去思考如何架构整个片子,讲好这个故事,于此我是完全受益的。

如果说创作的话,我的写作主要是非虚构类作品。2014年,我就收到了邀约,创作《陆上行舟》这本书,因为平时还有工作,所以写得很慢。《飓风掠过蔗田》是从2016年开始创作的。非虚构类作品很难写好,记者的纪实报道和非虚构类作品是两种不同的写作方式,我也需要不断学习。

如果要出第三本书,可能要再等上很久了。可以肯定的是,我的第三本书一定是关于美国的。这是一个非常值得书写的题材,如果我不能在写作中上一个台阶,这个题材就可惜了。

谈目标 | 不是孤军奋战,总台是我后盾

刘晓骞直播报道2023年美国旧金山中美元首会晤

2023年1月1日,你在微博写下了新年愿望:"一年比一年更好是一个终极却又缥缈的愿望,我只祝愿拥有冲破困境和获得幸福的勇气。"能解释一下这句话的含义吗?

困境每个人都会遇到。我2023年满35岁,如何产出新的作品,如何突破自己,是需要勇气的。

随着年龄的增长,我们会明白,很多时候事情的成败不在自己。所以,给自己定下一个更好的目标,其实也是需要勇气的,我们要有勇气去追求新的目标。

作为一名总台的驻外记者,你如何看待总台与一线记者之间的关系?

作为一名记者,尤其是总台的记者,我在前方能做的就是客观报道。我通过画面、数据等方式展现事件的面貌,但不妄下结论。只有这样,我们的报道才是经得起推敲的,不会被别有用心的人挑毛病。

驻外这么多年,我感受到台里对我们是非常信任和尊重的,这对我们而言非常重要。日常采访的时候,我会根据不同的题材来选择自己认为最好的呈现方式。台里给了我更大的发展平台、更广阔的创作空间,对于一线记者来说,这是非常宝贵的。

> 闲聊两句

听说你养了一只名叫露西的小狗?

驻外养狗是很困难的,因为要一直出差。但我在巴西的时候就养了露西,后来它跟着我来到了美国。有一只狗也会让我更有安全感,门口有人它就会叫,让我觉得很踏实。养狗之后,我发现自己比想象中更有责任心,就算天寒地冻,也要陪它出去玩。

读书对你来说意味着什么?

是我的兴趣,比较便宜的兴趣,也是很宝贵的兴趣。读书花的时间很多,但又不是很花钱。当然从时间的角度讲又是很贵的,因为时间宝贵。最近我开始关注微观经济学的书,开始关注数据,多学习吧。

忙碌的工作之余,如何保持自己的写作状态?

这些年,我一直在尝试寻找最适合我的写作状态。例如,有人喜欢在深夜写作,有人喜欢在咖啡馆里写作,而我慢慢摸索出了适合自己的、比较规律的写作作息:每天清晨6点开始写到早上9点,然后一天的写作时间就结束了,剩余的时间用来工作。因为我从小到大都是一个早睡早起的人,所以早起对我来说并不困难。

记者:韩平

Chen Huihui

中央广播电视总台驻土耳其安卡拉站记者
曾参与 2023 年新一轮巴以大规模冲突等报道

陈慧慧

亲历火线，
让真相抵达人心

中央广播电视总台驻土耳其安卡拉站记者。2011 年、2012 年分别获第 21 届、第 22 届中国新闻奖国际传播一等奖；2014 年至 2018 年先后参与两岸领导人新加坡历史性会晤、香港非法"占中"事件等报道；2019 年报道土耳其跨境叙利亚发起军事行动打击叙利亚库尔德武装事件，独家战地视频《独家！战地前线记者发回 Vlog 告诉你镜头背后更多的故事》获 2019 年度中央广播电视总台优秀作品奖融媒体类短视频二等奖；2022 年先后参与俄乌外长土耳其会晤、黑海粮食协议等报道。2023 年 2 月，土耳其发生 7.8 级地震，陈慧慧第一时间抵达现场并深入多个震区，持续发回一线报道。2023 年 10 月，新一轮巴以冲突爆发，她主动请缨赶赴巴以边界，在战火中持续发回一线报道。

> **"希望有一天我退休、白发苍苍的时候，依然会为自己到过的每一个新闻现场感到自豪"**

2023年10月7日，新一轮巴以冲突爆发，世界的目光再次聚焦中东。战火纷飞中，总台记者"逆行"战地，第一时间向世界传递真实、客观、公正的信息。其中，就有总台驻土耳其安卡拉记者站记者陈慧慧。

"这是一个加油站的临时避难所，基本上我们在听到警报声以后，不到一分钟的时间，就能够听到非常清楚的火箭弹袭击的声音。"从特拉维夫前往耶路撒冷途中，陈慧慧和团队遭遇空袭，画面中，她本能地用手护住头部。有网友说，正是这种人类本能的反应，才让战地记者看上去更勇敢、更真实，也更动人。

"这里到处都能看到曾经激战的痕迹，街道上散落着残骸和弹壳。"在以色列南部与加沙地带最接近的小城斯代罗特，陈慧慧站在废墟上，声音平静有力，真实地记录下这座边界小城刚刚经历的一场袭击。

"我们还发现，在这些集结的装甲车当中，还有一些重型的装甲推土机，它的主要功能是清除道路上的几乎所有障碍物。"在加沙地带边界，陈慧慧细致观察、客观分析，将以色列国防军对加沙地带进行"重大地面行动"准备工作的态势实时呈现给观众。

"抵达现场是记者的使命。"在采访过程中，这句话不知道被陈慧慧重复了多少遍。

陈慧慧多次深入土耳其与叙利亚边境战地，发回战地观察、前线手记、战地Vlog等报道；她曾独家采访3次偷渡均未成功的叙利亚难民家庭，并亲身体验偷渡船只的简陋和危险；她还曾在土耳其报道俄乌外长在冲突爆发后的首次会晤，"总台记者向拉夫罗夫提问"的视频被中外媒体大量转发；土耳其地震后，她一小时内赶赴灾区，在强风暴雪中，和团队一路挺进一路报道……新一轮巴以冲突爆发后，陈慧慧更是坚持每天抵达现场，穿梭在巴以边界不同地区，以日更的频率发回第一手探访报道和记者观察，让更多人直观地了解战争态势。

"记者要有真挚的眼睛和柔软的心，看得见平凡中的伟大，感知得到微小但坚韧的力量。记者不仅需要观察和记录时代，更要有责任、有担当、有情怀。"陈慧慧说，她希望在每一个新闻现场都能举起总台的台标，发回最优的独家报道。

走进战地 ｜ 抵达现场是记者的使命

从土耳其地震到新一轮巴以冲突，你总是第一时间赶赴现场。能否帮我们还原一下，在具体的报道任务中，这是一种怎样的工作状态？

无论是土耳其地震，还是巴以冲突，总台记者的使命，就是第一时间抵达现场。以这次的巴以冲突为例，当地时间10月7日清晨，各大媒体快速推送"巴以新一轮冲突爆发！"。那时候我正守在电脑前编辑一条共建"一带一路"倡议的特稿，但当看到总台驻耶路撒冷站记者赵兵就此持续发稿时，作为老记者，我敏锐地察觉这次冲突不同以往。很快，总台中东总站就成立应急增援报道团队，我立刻主动报名。与此同时，我开始查航班、订机票、收拾行李……

事实上，由于局势快速升温，当时航班已经非常紧张，我刚刚抢到第二天从伊斯坦布尔飞往特拉维夫的机票，就得知航班有延误或取消的风险。

经多次改签，我当晚就从伊斯坦布尔经迪拜飞往特拉维夫。虽然路途周折、彻夜未眠，但我和摄像记者姚书博终于顺利会合，并在第一时间抵达。

2023年10月8日，陈慧慧前往加沙边界途中遭遇火箭弹袭击，与当地民众一起躲避在避难所

在报道中，你与姚书博乘飞机抵达特拉维夫后，出廊桥看到一路都是逃生标志，"逆行"的感受如何？

紧张的气氛从上飞机就能感受到。飞机上大都是背着野战背包、面色凝重的年轻人。这架航班能否安全抵达特拉维夫，完全是未知的，因为机场作为重要基础设施，随时可能成为打击目标。机舱里寂静得可怕，直到飞机在跑道上着陆、滑行并最终停下，我心中的石头才落了地。

抵达特拉维夫后，入住酒店后的第一件事就是查一下地图。酒店布局什么样？逃生路线怎么走？距离最近的避难所在哪儿？这对普通人来说心理冲击是巨大的。我告诉自己，准备面对真实的战场。

"铁穹"拦截瞬间。其中一枚火箭弹未能成功拦截，掉落在阿什凯隆工业区

2023年，陈慧慧和摄影记者姚书博在巴以边境报道

在以色列南部的报道中，你手持一枚火箭弹爆炸后碎片的画面，给观众留下了深刻印象。你所见到的战争真实场景是什么样的？

我们到达后基本没有在特拉维夫停留，直接赶往受影响严重的巴以冲突前线——以色列南部地区。阿什杜德是我们的第一站，当时有报道说这里遭遇了火箭弹袭击。刚到一处遭遇火箭弹袭击的社区，便闻到了烧焦的味道，黑乎乎的东西随处可见。起初我还不知道这是什么，当地居民告诉我，这就是火箭弹的残骸。于是，我把它展示在了报道中，让观众可以直观地感受到战争带来的创伤。

在加油站遭遇袭击时，你本能地用手护着头，能回忆一下那一刻吗？

当时，按照计划，我们从特拉维夫驱车前往耶路撒冷。途中，我们到一家加油站进行补给。就在这时，防空警报响了。那是我第一次经历空袭，因为不熟悉，最初的一两秒我甚至没反应过来。周围居民、加油站工作人员瞬间都高声叫嚷着向避难所跑去，我也被人群裹挟着往里走。慌乱中，我在人群中不断寻找着摄影记者，我要确认他的安全，也要看镜头在哪里。

短暂的慌乱过后，我面对镜头开始报道，略高的语调、加快的语速、重复的话语都证明了我尚未平静的内心。随即响起的爆炸声和公路的震动，让我本能地护住了头部，这是我最真实的状态。

独家视角 | 寻踪觅迹发现军事集结点

2023年10月31日,陈慧慧在耶路撒冷就以军扩大在加沙的地面军事行动进行直播连线

这次总台记者穿戴的印有"PRESS"(媒体)字样的防弹衣及头盔,与以往我们看到的不太一样,穿戴的感觉如何?

这次的防弹衣和头盔安保级别更高。大家可以看到,我的脖子都被护住了。但它真的很重,我一个人很难完成穿戴。每次都是姚书博先帮我穿戴好,他自己再穿戴。有时候我们形象地比喻说,古代将士出征,要身披铠甲,如今我们也要"披甲战斗"。

最初穿戴好这一身"盔甲",我连走路都困难。第一天拍摄"铁穹"系统拦截火箭弹,我蹲下来做报道,结束之后发现自己竟站不起来了,得有人搭把手才行。但现在,这沉重的装备仿佛已经成为我身体的一部分,紧急时刻我甚至可以跑起来,只是样子有点可笑。还有不少细心的观众和网友发现,镜头里的我说话总有些喘,因为长时间穿戴这样沉重的防弹衣和头盔,对我的体力是不小的考验。

此次巴以冲突,总台记者传回很多独家报道,比如拍摄到了装甲推土机集结,这样的采访是如何实现的?

随着紧张局势的不断升级,以色列不断向外界释放信号,表明将很快对加沙地带发起地面进攻。当时全世界都在关注以军地面部队动向,当然也包括在前线的我。每天我们都费尽心思,动用各种可能的资源和关系,通过各种蛛丝马迹反复研判,最终不仅抵达了以军允许范围内,媒体能够最近距离接触的军事基地检查站,还发现了军事集结点,拍到了正在集结中的大批以色列陆军、坦克、装甲车。

当时一排排"梅卡瓦"系列主战坦克、装甲车、大型装甲推土机就在我身后列队,场面十分震撼。我们还目睹了"铁穹"系统拦截火箭弹的场景——就在我们头顶,虽然阳光刺眼,但依然可以看到"铁穹"系统拦截火箭弹后的白色痕迹划满天空。震耳欲聋的爆炸声中,我们不得不蹲着记录下这些震撼的画面。

作为战地记者,还有一个基本素养,就是必须对双方军事装备有一定了解。在报道中,我也特意介绍了相关细节,不需要过多点评,就能让观众清楚地了解战地实况,感受到大战将至的紧张气氛。

2023年土耳其7.8级地震发生后，陈慧慧在受灾最严重的安塔基亚报道

2023年土耳其7.8级地震发生后，陈慧慧在灾区阿达纳采访灾民

在巴以冲突前线，来自全世界的战地记者都在报道中比拼获取新闻的速度和质量。作为总台记者，你是如何打赢这场硬仗的？

2023年年初，我参与报道了土耳其地震，就像我无数次说过的——抵达现场。绝对不做二手新闻的搬运工，要去最核心的地方，这是我的初心。在这次的巴以冲突报道中，总台记者抵达了很多新闻现场。对我们来说，来自战场上的危险一直都存在，但越是危险，我们越要传递出总台的声音，把中国媒体的独家报道呈现给全世界。

在现场，有时候我的心情很复杂，如果看到很多外媒记者，一方面觉得自己找的这个地方有价值，但另一方面又觉得这不是我独家的新闻。当然，这一次我也认识了很多来自世界各地的媒体朋友，大家相互之间说得最多的一句话就是"Stay safe"（保重）。

2023年土耳其7.8级地震发生后，陈慧慧在灾区搜救现场报道救援进展

灾后现场支离破碎

身处和平环境的人很难想象战争的残酷。能否给我们讲讲，你在亲身经历过战争之后的感受？

不论战争出于何种目的与考量，人民都是最大的受害者。

许多人一夜之间失去家园，即使战争结束，也不知何去何从。很多人和事让我印象深刻，比如一次采访结束后，我们在耶路撒冷的一家餐厅里准备吃顿便饭，吃到一半，防空警报突然响起。我们隔壁桌的一位带着四五个孩子的母亲，迅速起身，一只手抱着最小的孩子，另一只手张开护住其他孩子，一家人向避难所奔去……对孩子们来说，战争的恐惧将伴随他们一生。

随着战事不断升级，加沙地带的人道主义危机持续加剧。在距离加沙北部800多米的斯代罗特，可以肉眼观察到加沙北部的情况。在我们的镜头里，清晰地拍到连日的空袭下，加沙北部的建筑物肉眼可见地从残破变得更加残破。和平来之不易，我现在最大的愿望就是希望战争快点结束，每个人都能好好地吃一顿饭，安安稳稳地睡到天亮——这听起来简单，但在战乱地区是极度奢侈的。我们仍不知道战争何时会结束，但真心企盼这一天早日到来。

前行动力 | 总台千里驰援鼓舞人心

2019 年，驻外仅 3 个月的你成为战地记者。从记者到战地记者，你完成了哪些挑战？

我 2011 年成为央视新闻中心社会新闻部记者，在我看来，不同领域的记者报道的内容虽然不同，但日常功课是一样的。在新闻事件中寻找线索的能力、挖掘细节的能力、抵达现场的能力，都需要日积月累。

我的第一次战地采访是在土耳其和叙利亚边境。那时我刚刚驻站 3 个月，还没有适应驻外记者的工作，就去了前线。所以镜头里的我会略显紧张，但这是我成长的必经之路。这一次的巴以冲突，我除了快速适应报道环境外，会自主地更多去跟一些西方媒体"比拼"，比拼能更快抵达哪些现场，获得哪些新闻资源，拍到哪些独家画面，并能在现场报道、观察到关键性细节等，努力做到"人无我有、人有我优"，从而在综合素质上得到了更多磨炼。比如，那段时间持续在阿什凯隆的几个临时军事集结点拍摄到以色列军队集结、训练的画面，并进行出镜报道等。我们应该是最早发回此类报道的国际媒体之一。

我们总台在中东的记者，每个人都有一个小行李箱，里面装着一些必备物品和随身设备，特别是现在适配手机、相机的一些采访拍摄用的电子设备，比如录音设备，可以确保在紧急情况下更好更便捷地收声；一些数据线、转接头（适配不同国家）、充电宝等；还有一些基本的药物，如避免肠胃不适的药物等。这些物品都是提前准备好，时刻准备着，关键时刻能拎箱就走，我们不用花很多时间思考该带什么，争取比别人更快抵达现场。

2023 年 10 月 24 日，陈慧慧在空无一人的斯代罗特报道，背后是一栋受到火箭弹袭击的民宅

2019年,陈慧慧在土叙边境直播报道土耳其跨境打击叙利亚库尔德武装

抵达现场是记者的使命,但后勤保障应该也是不可或缺的有力支撑。

的确,非常感谢"家里(总台)"在关键时刻的全力支持,让我们在现场会多一些安全感,用一个词来形容就是"千里驰援"。包括对安全形势的研判、防护装备的到位、安保人员的调配等,总台调动了一切资源、力量,人力、物力给予前方最大保障。举个例子,因为事发突然,最初两天,防护装备在战地千金难求。在这种情况下,总台多个部门紧急协调,迅速把物资从国内运到战地,确保每一位前线人员都有自己的防护装备。过程非常艰难,但给了我们极大的温暖和鼓舞。

2023年10月24日，陈慧慧再次前往距离加沙地带不到1公里的斯代罗特，许多国际媒体在这里以加沙地带北部为背景进行直播报道

除了真实记录，我们还能从你的报道中感受到属于女性记者的细腻与感性，你希望以女性视角为观众带来什么？

我从来没有认为，因为自己是女性记者，就会有特别的视角，或者就能呈现特别的东西。我始终以专业记者的标准来要求自己：做战地记者，就要学习军事方面的知识；做地震报道，就要积累对重大灾情的规律的了解。当然，可能身为女性，我更容易关注到一些细节，也有比较细腻的感触。比如报道土耳其地震时，我们出了一组特写报道，更多的是从人文关怀的角度讲述地震给当地人心理以及社会带来的巨大的冲击和深重的影响。

驻外这5年，成了你迅速成长的5年。你对未来有怎样的职业规划呢？

其实我之前也并没有想过成为驻外记者，甚至战地记者。在职业生涯规划中，我对自己的要求始终是成为一名能够胜任记者岗位的记者。希望有一天我退休、白发苍苍的时候，依然会为自己到过的每一个新闻现场感到自豪。

能否给大家分享一下自己不在一线报道时的生活日常?

我是一名驻外记者,除了新闻报道,如何在异国他乡安排好自己的工作生活也非常重要。平常我喜欢到处走走,了解当地风俗民情,也录制了很多小视频。这也是一种田野调查,可以获得很多书本上、报道上看不到的一手信息。

你最近读过的一本书是什么?

推荐一本常看常新密密麻麻做了很多笔记的书《直播幕后:电视突发直播一线手记》。这是我的同事、资深记者、新闻老兵张鸥分享的一线故事、火线经验。许多直播技巧总结、幕后玄机,什么时候看都能给我带来新的启发,很多心得和经验也被我应用在了这几年的各种突发报道中。

现在国潮传遍全世界,你曾穿着马面裙报道共建"一带一路",能否举一个报道中传播中国文化的例子?

2023年是共建"一带一路"倡议提出10周年,我穿着马面裙在古丝绸之路上的土耳其苏丹大客栈做报道,也借报道土耳其托普卡帕宫珍藏的中国元青花的机会,穿着马面裙在这个著名地标拍摄视频。这些报道也在我海外社交账号上播发,中国文化之美与当地地标性建筑完美融合,引发海外网友的共鸣与喜爱,传播效果超出预期。

记者:韩平

趙冰
Zhao Bing

枕戈待旦，不避火矢，发战地之先声

中央广播电视台总台驻耶路撒冷站负责人
参与 2023 年新一轮巴以大规模冲突等报道

赵兵

2010 年进入央视阿拉伯语频道工作，2012 年前往阿联酋担任驻外记者。其间，除阿联酋外，先后多次前往阿富汗、伊拉克、伊朗、土耳其等中东各国采访报道。2016 年，赴阿富汗担任喀布尔站负责人。2017 年，转至耶路撒冷站担任负责人至今。

驻外期间，在阿富汗完成大量重大袭击事件报道，在伊拉克跟随军队前往打击极端组织的战斗前线，在阿联酋主持其国家电视台"习近平主席访问阿联酋"专题特别节目，在巴以地区先后策划制作了"耶路撒冷危机""美国驻以使馆迁移""戈兰高地硝烟再起""2021 加沙大规模武装冲突"等系列报道。其中 2021 年巴以冲突的报道得到台内表扬，并录制成课件作为报道范本登上总台网络课堂。自 2023 年 10 月新一轮巴以大规模冲突爆发以来，成为最早抵达现场的外国记者之一，并连续坚守冲突一线，发回大量独家现场报道。

> **驻外，是一段特殊的旅途、一场严峻的考试、一次重塑人生的修炼**

"我现在是在以色列经济重镇特拉维夫市中心的一处居民区，在我身后不远处的这栋民宅在当地时间7日清晨的时候遭到一枚来自加沙地带火箭弹的袭击……"

"我现在是在以色列的北部地区一条通往边界的道路上，并且途经了一个以色列国防军预备役军人的集结点……"

"我现在所在的位置是耶路撒冷，目前这场巴以冲突的焦点仍然集中在加沙地带以及日渐紧张的以色列北部边境地区……"

……

当地时间2023年10月7日，以色列和巴勒斯坦爆发新一轮军事冲突。身为中央广播电视总台驻耶路撒冷站的记者，赵兵第一时间奔赴冲突现场，深入战事腹地，为世界带来第一手的新闻讯息。

当地时间10月9日，赵兵在以色列南部城市阿什凯隆采访时亲历火箭弹袭击。在他拍摄的视频里，以色列的"铁穹"系统拦截从加沙地带发射的火箭弹，多枚冒着白烟的导弹发射升空，在空中发出巨大的爆炸声。没有被成功拦截的火箭弹落到地面上，在不远处腾起爆炸产生的密集的黑烟。随后赵兵前往遭遇火箭弹袭击的地点，在现场看到很多建筑残骸与被焚毁的汽车，以及道路中央的诸多弹坑。

这些新闻报道令人们真切地体会到本轮巴以冲突的残酷和激烈，引发网友们的广泛关注，大家纷纷留言"记者一定要注意安全"。

北京时间2023年10月20日下午，身处耶路撒冷的赵兵接受了《中国电视报》记者独家专访，他将自己的所见、所感、所想一一道来，平实的语言背后，蕴含着他对于战争、和平与驻外工作的深刻思索。

亲历战争 | 成为最早抵达袭击地点的外国记者之一

你常年驻耶路撒冷，经历了多轮巴以冲突。这次你也快速地进行了报道，本次是如何做出了"本轮巴以冲突不同以往"的判断？

我第一条真正意义上的报道，应该是自己在家里用手机录制的。当时耶路撒冷已经连续拉响两轮防空警报，每次警报持续约30秒，间隔10多分钟。我就在家里的阳台上，伴随着防空警报的声音，录制了出镜报道，简单地介绍了相关情况。

从过去的经验来看，几乎每隔两三年，以色列就会同加沙地带的武装组织发生一次武装冲突。对于这种频繁的冲突，巴以双方大多数人似乎已经习以为常。

但这一次的冲突出乎意料，当地时间10月7日上午，加沙地带发射火箭弹达5000多枚。我那会儿就基本验证了自己的判断——这绝对是一场与此前历次冲突不同且规模较大的冲突。所以我一边做报道，一边开始撰写研判，明确说明此次冲突将大规模升级并且将持续较长时间，算是为总台尤其是中东总站报道巴以冲突的部署提供了及时的参考。

2017年，赵兵在阿联酋国家电视台主持"习近平主席访问阿联酋"新闻直播专题特别节目

2023年10月9日，赵兵在以色列南部阿什凯隆的地下防空洞里采访避难的儿童

2023年10月22日，赵兵在巴以冲突期间前往巴勒斯坦约旦河西岸阿拉伯城镇采访

本轮巴以冲突发生不到3个小时，你就驱车前往遭遇袭击的特拉维夫，当时是如何做出这个决定的？

　　作为以色列最重要的经济中心，当时特拉维夫的市区已经落下了火箭弹，造成了财产和人员损失。按照过往我对哈马斯火箭弹设计能力和保有数量的了解，在首轮火箭弹袭击后会有一定时间的间隙期，所以，我当时有胆量自己开车往那边赶。

　　此时的以色列已经处于紧急状态，还好，我以往与一位当地的摄像保持了良好的关系，成功地说服了他驱车赶往特拉维夫遭袭地点与我会合。抵达特拉维夫之后，因为局势和信息的混乱，当地的网络几乎都没有发布遭袭的具体地点。我一边开车一边让摄像在网上寻找相关视频，根据视频里建筑的特征和环境判断具体位置，然后我们快速地抵达现场，并采访到第一目击者，完成了出镜报道。

2023年10月9日,以色列南部阿什凯隆遭火箭弹袭击,赵兵成为第一批抵达现场的外国记者

你在以色列南部城市阿什凯隆采访时亲历火箭弹袭击,记录下"铁穹"系统发射数枚拦截弹的惊心动魄现场,能讲一讲当时的情况吗?

为了更加真实地展现冲突现状,我经过综合消息研判,决定尝试前往战区探访。来到阿什凯隆后,我和摄像驱车前往一处遭遇火箭弹袭击的建筑,在短时间内完成了两场新闻频道大屏直播连线,随后又赶往另一处遭袭地点。就在我们抵达现场准备下一场连线时,如同虎啸一般的防空警报在耳畔响起。我们抓起设备,向旁边十几米外的一处商场地下停车场入口冲去。30秒甚至是更短的时间内,在大约百米开外的低空中,一枚拉着白烟的导弹冲天而起,紧接着是第二枚、第三枚……旋即天空中绽开十几朵如云般的白烟,巨大的爆炸声传来,把我的耳膜震得生疼,巨大的气浪扑面而来。

我知道,这是以军"铁穹"系统在拦截加沙发来的火箭弹。强压下心中的恐惧,我赶紧掏出手机开始记录这一时刻,整个过程持续约3分钟的时间。

在这一切刚刚停止的时候,进行视频直播连线的后方演播室电话忽然响起。稍微整理了一下情绪,我便进入直播状态,将刚刚的经历结合当地位置、冲突现状一一向观众做了介绍,之后便沿着此前看到的浓烟一路寻去,成为最早抵达袭击地点的外国记者之一。

2023年10月9日,赵兵在以色列阿什凯隆采访时经历火箭弹袭击,十多枚以色列防空导弹在距离他百米外升空进行拦截

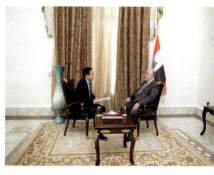

2016年,赵兵在伊拉克首都巴格达专访时任伊拉克总理巴拉迪

实地采访 | 当地民众的状态深深地触动了我

你采访了许多当地民众。当你表明身份后，对方通常会给出怎样的反馈？

我采访的当地民众，其中不少人因交战受到了惊吓甚至是精神创伤，不愿意接受采访。换位思考，在这个时候他们需要的肯定不是打扰，而是关心和倾听，并且在倾听和交流中产生共鸣。我告诉他们，我是来自中国中央广播电视总台的记者。听到这些话，巴以人民对我表达出的都是善意。特别是有很多民众会感到好奇，问我遥远的中国也在关注这里的情况吗？我很真诚地表示，我们当然关心这里，我们关心所有遭受战火波及的民众，我们用镜头做真实、客观、公正的记录，希望能够展现战争的残酷和对普通人造成的创伤，展现和平的可贵。这种情况下，一般都会得到民众的理解。

本轮巴以冲突开始后，哪些场景令你印象深刻？

印象深刻的场景我觉得有很多，伤感的、悲痛的、激励人心的。但最触动我的，不是那些激烈的场景，而是在冲突之后，巴以民众流露出的那种疲惫和无奈。他们的脸上看不到特别激动的愤怒或悲伤，而是带着一种无奈的轻松或苦笑。每次采访到最后，我常常听到他们说："我习惯了，这就是生活，数十年都是这样，不然又怎样呢？"

这突然让我想起很多年前在土耳其采访时，见到的那些试图偷渡到欧洲的中东难民。其中有一名伊拉克大叔的话，让我铭记至今。他当时说："我们需要的不是世界一次两次的同情，我们需要的是真正的和平、真正的安宁。"十多年过去了，这次采访一下子又让我想起那位大叔的话，突然之间陷入对和平的思考。

和平到底是什么？和平其实就是普通人的一日三餐，就是一个遮风避雨的家，这何其简单。而往往一颗子弹、一枚导弹就可能引发一场冲突，甚至造成数代人的仇恨，这又何其简单？！但是要结束冲突、化解仇恨，又何其难！这时候就能够感觉到，有一个强大的祖国，有稳定安宁的生活，是何等的幸福！

2023年10月9日，赵兵在以色列阿什凯隆采访时经历火箭弹袭击，两枚火箭弹落入他身后不远处的居民区

协同作战 | 三路总台记者相互支持、资源互补

本轮巴以冲突爆发以来,总台中东总站是如何形成合力、分工合作的?

中东总站第一时间启动了全片区报道紧急响应机制,先后从迪拜和安卡拉派出两路支援记者,在冲突爆发后的第二天和第三天就先后赶到以色列,与我形成报道合力。与此同时,全片区记者联动,轮流排班,24小时无死角盯防巴以突发消息,不仅保障了总台巴以相关消息发布时效性的遥遥领先,也使得我们能够腾出手来前往现场。此外,由中东总站总编室统筹各类报道需求,与前方统一对接,并承担相关新媒体和材料的报送,极大地提高了前后方协作的工作效率。可以说,本次报道一开始,就不是我一个人在战斗。

总台国际交流局、办公厅、人事局、技术局等部门,与中东总站合力保障前方人员的报道安全和人身安全。包括启动24小时协同应急机制、升级意外保险,并想尽一切办法,克服各种困难,为我们调配补齐了安防装备、补充急救物资、制定紧急救援预案等。同时,依托国际SOS救援中心和海外安保服务公司等合作机构,实时向前方提供动态安全提示信息,为记者规划行进路线,并提供本土化安全保障。

在两路支援记者抵达后,我们快速分工,一路记者赶赴以色列南部前方探访,另一路记者前往巴勒斯坦相关地区,还有一路记者驻留耶路撒冷,对接台内各类连线和报道需求。三路记者相互支持、资源互补,呈现出全面、丰富的报道。

出现在镜头前的时候,你都是头戴钢盔、身穿防弹衣,能介绍一下这套装备吗?

我身穿的防弹衣,是总站在上一轮巴以冲突中协助配置的。这套防弹衣比较沉重,总重量在18公斤左右,是3A级别的全防护式防弹衣,主要使用的是陶瓷复合板,能够有效防范近距离手枪子弹和远距离的步枪子弹。每次穿上以后,我就觉得自己像古代的战士一样,穿上了厚厚的盔甲。每次脱下防弹衣,先是感觉身轻如燕,紧接着就是腰酸背痛,特别是肩颈和腰部,就像弯腰干了很久的农活一样。

2015年4月，赵兵随伊拉克军队进入刚刚从极端组织手中夺回的提克里特

你担任驻外记者多年，对这份职业有着怎样的感受？

驻外，是一段特殊的旅途、一场严峻的考试、一次重塑人生的修炼。

倘若把人生比喻成一段旅途，驻外或许就是隐藏其中的一条小径。这条小径必然不同于大多数人并肩同行蹚出的大道，但我知道若坚持向前，就可能看到寻常难见的风景。

这段旅途更像一场考试，途经异域时，能否通其语言、解其风情、通达人物，记一地之欢欣悲苦？坐困危城时，能否枕戈待旦、不避火矢、倚马可待，发战地之先声？这场考试是开卷的，却无成法可依、无先例可循，每一题都需要自己求索。

倘若再把这场考试视为人生的修炼，则不啻人生的一次重塑。曾经于典籍中所读的历史，在现实中跃然于眼前；曾经在新闻中看到的故事，在周围真实上演。从这个角度来看，驻外，便是让初心在铁锈剥落之后，仍露出里面如炭火般赤红火热的一场修行吧。

成为战地记者要经过哪些特殊训练?

包括:突发意识训练,针对突发消息,第一时间判断消息真实性、重要性,发掘核心点和核心现场进行报道;现场报道训练,抓住现场相关细节并进行切入,通过串联现场细节、结合现场环境和背景资料,客观全面报道;还包括在新媒体时代,灵活应用新媒体报道手段的训练;心理素质和安全意识训练,对冲突、暴力现场有心理承受力和抗压性;还要能通过综合各方消息对危险环境形成基本预判,并有在危险环境下逃生自救的基础常识。

能否分享一下,随身携带的工作行李箱里都有什么?

证件:证明自己身份的各类证件,包括护照、记者证、相关拍摄申请等,最好是纸质版原件。设备:包括拍摄用的摄像设备、直播手机、电脑(编辑机)、读卡器、硬盘、充电宝、转换插头、插线板(以应对在外长时间工作),还有安全帽、防弹衣、两三把雨伞。物资:水、零食、足够的现金。

面对战争这样残酷的事件,心理压力一定很大,你是怎么缓解压力的?

在现实环境中,最好的解压方式是工作。工作之余的解压方式因人而异,就个人而言,其实没有任何方式能够真正完全地解压,与家人朋友多沟通,少量运动,充足睡眠,稍有帮助。

记者:王婧

纵横者

让世界倾听中国的声音

中央广播电视总台 CGTN（中国国际电视台）主持人
主持时事评论栏目《视点》

刘欣

"不服来辩"的另一面
是温和从容

中央广播电视总台 CGTN（中国国际电视台）英语环球节目中心评论部主持人、评论员、记者。曾任央视驻瑞士日内瓦记者站首席记者。2017 年起担纲 CGTN 时事评论类谈话节目《视点》（The Point with Liu Xin）主持人。曾四次荣获中国新闻奖。曾获全国三八红旗手称号，杭州第 19 届亚洲运动会先进个人，入选全国宣传文化系统文化名家暨"四个一批"人才工程，享受国务院津贴。在海外社交媒体平台拥有超过 290 万粉丝，是具有国际影响力的网络大 V 之一。

"我的工作状态是流动性的，一旦有需要，随时是工作时间"

熙熙攘攘的北京地铁，滚滚转动的车轮每天准时连通无数上班族的家与办公室。一节节地铁车厢的拥挤人潮里，咣当咣当的摇晃中，戴着耳机或捧着书本、一边通勤一边忙着给自己"充电"的人随处可见，刘欣便是其中之一。

北京地铁10号线金台夕照站，伴着嘀嘀嘀嘀的提示音，列车停靠、开门。刘欣下了地铁，走进中央广播电视总台光华路办公区，开始了她作为CGTN（中国国际电视台）主持人的新一天的工作。

耳机里传来的可能是一部与节目素材有关的有声书，手上捧着的也许是一本能补充节目背景资料的历史书。

如果不是听到刘欣亲口描述，似乎很难将眼前这个如此普通的、挤地铁的上班族和镜头前那个犀利地与美国主播辩论、冷静地揭露西方主流媒体对"北溪"爆炸事件集体沉默的时事评论栏目主持人联系在一起。

但这就是真实的刘欣。她说，她的性格就像一枚硬币的两面，有平静温和，也有坚定犀利，"放在一起并不矛盾"。

从主持人、播音员到驻外记者，再到时事评论栏目主持人，刘欣概括自己的职业生涯时用了一个词——打破。"这是一个不断打破自己、不断跳出舒适区的过程。"

对刘欣来说，工作其实就是一种生活方式。见缝插针地安排工作与生活，这种忙碌而充实的状态就是她的日常。

"我的工作状态是流动性的，一旦有需要，随时是工作时间。需要上场的时候，必须能够支棱起来，必须能立即整装待发。"

谈直播辩论 | 我不是一个人在"战斗"

很多观众提起你,首先想到的事件就是2019年你和美国福克斯商业频道前主播翠西·里根的直播辩论,这件事对你来说意味着什么?

这件事是一个转折点,为栏目和我个人开启了一个全新的阶段。

从事新闻工作多年,我做过主播、驻外记者,现在是谈话类节目主持人、时事评论员,与许多同事都密切合作过,那次辩论可以说是我多年工作积累的一次集中爆发。

在那之后,我们的栏目在知名度和观众期待值方面都有了一定的提升,得到了更多关注,可以说上了一个全新的台阶。

很多国内外观众由此对CGTN产生新的了解,也第一次知道了《视点》和我的名字,我们在采访、传播和约请嘉宾等方面有了更多话语权。

北京时间2019年5月30日,刘欣应约与福克斯商业频道前主播翠西·里根就中美贸易等相关话题进行了一场公开辩论

辩论之前,你做过哪些业务上和心理上的准备?

这件事在国内和国际上的关注度很高,我当时压力非常大。辩论前准备的那一个星期,我一直处于一种既亢奋又疲劳、既紧张又兴奋的状态。

这个过程中,领导和同事们给了我很多帮助。大家一直不断地给我提供资料,我也准备了大量的论据、数据。

至于心理上的准备,我在那段时间一直循环播放一首很励志的老歌来给自己鼓劲。虽然我知道正义在我们这一边,但要在全世界观众的审视下,面对这样一场难以预测的鏖战,心里还是有点要上战场的那种激动和紧张。

但我一直有一种信心,我不是一个人在"战斗",我的身后有着强大的祖国,有总台的支持,有同事们从技术到智力的全力支持。

刘欣专访新开发银行行长、巴西前总统迪尔玛·罗塞夫

辩论过程中，哪个部分令你印象最深刻？

开头的几分钟非常关键。我认为，人与人之间交流的第一印象是非常重要的。当翠西介绍我的时候，镜头第一次切到我，我的画面出现在美国观众面前，那时候的我是镇定和面带微笑的，没有慌乱或紧张的情绪流露出来。

为了这一刻，我也做了一些准备，包括着装、妆容还有表情管理等。

一个朋友对我说："我看到你出现的第一个镜头，带着自信把自己展现在国际观众面前，你已经赢了。"

这次辩论展示出来的状态基本符合我自己的预期。现在回想起来，在那么短的时间里迎接这样一场特殊的挑战，我的表现有不完美的地方，但我把这份底气和自信传递了出来，应该没有辜负大家的期待，我很欣慰。

作为主持人，你对个人主持风格是怎么定位的？是犀利的，还是温和的？

这个问题很有意思，我也一直在思考。我认为自己是一个比较温和的人，不爱和别人争论或发生冲突，但我也有很个性的一面，特别是遇到原则、立场问题的时候，我会勇敢地站出来表达我的观点。这其实是一枚硬币的两面，放在一起并不矛盾。

我认为我作为主持人展现出来的形象，应该是有亲和力的、乐于交流的，这样才能赢得更多人的理解和尊重。

同时，遇到不实、不公正的言论时，我会毫不犹豫地站出来回击，坚定地表明自己的立场。

这好像是在受一种正义感的驱使，有时候我也在想，上辈子我可能是个女侠，路见不平就要拔刀相助。

谈《视点》栏目 | 用老百姓的声音讲中国故事

你在 CGTN 的《视点》栏目中担任主持人,能介绍一下这个栏目吗?

这是一档时事评论类栏目,目前是每周一、三、五播出,每期会针对一到两个热点话题邀请嘉宾进行讨论或者辩论。

近年来,我们还制作了一批比较有力度的节目,比如《揭批西方主流媒体"七宗罪"》《起底佩洛西》《迷失的香港——刘欣视角》等,还有获得了第31届中国新闻奖国际传播二等奖的专题片《刘欣调查:孟晚舟案不为人知的细节》。

主播台上的刘欣自信从容

这部获中国新闻奖的专题片是何时制作推出的?当时面临着怎样的创作压力?

《刘欣调查:孟晚舟案不为人知的细节》这部专题片是2020年8月推出的,我担任主创和调查记者。当时孟晚舟的案件受到全世界的关注,但中国媒体在海外发出的声量并不大。

在这样特殊的背景下,我们开始了专题片的制作。我们认为正义在我们这一边,但这个过程非常艰难。

因为当时案件正在审理过程中,有些证人连匿名采访都不愿意接受。我们也不能给观众留下希望用该片影响判决结果的印象。有一次刚打通电话,对方一听是中国记者打来的就立刻挂断,只留下"嘟嘟"的忙音。

在经过大量调研和采访之后,我们在片中对案件本身及背景进行了梳理,为观众还原了事实真相。

这部专题片播出后获得强烈反响,全网累计话题阅读量超6.8亿人次,节目荣获2021年第31届中国新闻奖国际传播二等奖。

近,再近一些!在金厦海域的一艘游船上,刘欣以金门岛为背景做出镜,为讲述海峡故事的专题片《我从台湾来》开场

我注意到,你不光担任主持人,还经常外出采访,能讲讲采访的情况吗?

我不是一个爱坐在演播室里的主持人,一有机会我就会争取到新闻现场采访。武汉、深圳、香港……我去过很多地方。

其实,《视点》栏目的重心不是和专家讨论,而是用老百姓的声音讲中国故事。

2021年,栏目讲述了一位名叫曾馥平的扶贫干部的故事。我们专门到广西采访了他。创作之初,我们就在思考如何在国际传播视角下讲好这名中国共产党党员的故事,如何让那些对中国共产党缺乏基本认知的国际受众更容易接受?

慎海雄台长讲过,"大象也要学会跳街舞"。这给了我们很大启发。

我们选择从曾馥平的扶贫经历切入,没有讲什么大道理,而是讲他在工作中遇到什么样的困难,以及他是怎么解决这些困难的。

节目展现了这位共产党员富有人性的一面,他身上的无私奉献精神是全世界各国观众都能够理解的。

我们抓住了这个基调,突破传统媒体的固定思维,采用灵巧的叙事方式达到了不错的传播效果。

谈创作团队 | 带着热爱互相推动着往前走

能讲讲你的团队和同事吗？平时的合作方式是怎样的？

我们的团队不大，但是行动力很强。

需要及时发声的时候，我们可以在很短的时间内组织出非常有力、打得出去、打得响的作品，这得益于总台给我们提供的平台和日常的历练。

我觉得我们像一个突击队、尖刀排。比如制作《起底佩洛西》时，我们整个团队协作，只用了一天时间就完成了。

当天晚上10点选题确定后，大家连夜开始工作，写稿、准备素材、录像……到第二天下午六七点，这个片子就已经制作完成。

像这样的任务对我们来说是常态，我们要求自己随时处于备战状态，一旦需要，就要立刻进入状态。

当然，我们的工作氛围是严肃而活泼的，这是一个健康、快乐、团结的团队，大家带着对工作的热爱互相推动着往前走。

刘欣对团队的理解是：大家带着对工作的热爱互相推动着往前走

同事们对你的评价是怎样的？

大家应该会说，跟刘欣合作不是那么容易。因为我会在意很多细节，甚至近乎苛求，比如某个稿件标题里提到中国在乌克兰问题上的立场，是"不模糊"还是"不含糊"？究竟怎样表达才更准确，我会和同事们一起推敲。

因为各方对我们关注很多，我们的压力也很大，所以需要用高标准来要求自己。这些压力来自我们对作品品质的追求，也来自总台给予我和我们团队的期待。

我办公桌上放着总台年度优秀员工荣誉奖状。这是一种认可，也意味着我肩上的担子更重。

近期，你和你的团队连续推出了多档节目，揭露西方主流媒体在"北溪"爆炸事件上耐人寻味的集体沉默。特别是你对"北溪"事件爆料者、普利策奖得主西摩·赫什的专访，引起了很多关注，能谈谈这个系列节目的情况吗？

在资深美国记者西摩·赫什爆出"北溪"爆炸事件背后的推手后，西方主流媒体似乎集体失声，对于这个震惊全球的事件的真相，他们的报道量寥寥可数。

我和我的团队抓住这个点迅速制作了多档节目，梳理事件缘由，揭批西方主流媒体的"躲闪"。

我们经过一个多月的努力，终于实现了对赫什本人的专访。

我们想通过这一系列节目，让更多国际观众了解"北溪"爆炸事件的始末。

这是我们就重大国际热点话题发声、参与国际话语权塑造的新尝试和新突破，也说明CGTN国际知名度和认可度不断提升，正成为国际有识之士的重要发声平台和渠道。

刘欣和她的团队历时一个多月的策划并采访"北溪"事件爆料者、普利策奖得主西摩·赫什，让全球观众更加了解"北溪"爆炸事件的始末

闲聊两句

忙碌的工作之余，你有什么放松减压的方式或业余爱好吗？

我的爱好挺多的，读书、听音乐、画画、练书法……我觉得人一定要丰富自己，要体会生活中的乐趣，这样创造力和生产力才能不断地提升，所以在生活中一定要有一些留白给自己。

你和你的孩子们是怎么相处的？你是个严厉的母亲还是慈爱的母亲？

说实话，我是个很晚熟的妈妈，我是和孩子们一起长大的。我在跟他们相处的过程中经常嘻嘻哈哈特别开心，但是碰到严肃且重要的问题，我的立场又是非常清晰的。我希望成为孩子们能交心的朋友。

你的几门外语（英语、法语、德语、土耳其语）都具有一定的水平，属于"学霸"级的人物，你能给大家推荐一下学习外语的方法吗？

我从不认为外语是一门需要努力去学的课程。外语是"玩"出来的，当然这个"玩"是带引号的。我是指要在使用中去掌握这些语言，比如听音乐、看剧、聊天、读书等。如果带着这种心态去做这些事情的话，你会发现学外语很容易，也很快乐。

记者：蔡楠 中国电视报

Wang Guan

中央广播电视总台 CGTN（中国国际电视台）主持人、评论员
主持《高端访谈》《机遇中国：对话省部长》等节目

王冠

分享智慧、传播希望，让世界听懂中国

中央广播电视总台 CGTN（中国国际电视台）主持人、评论员，曾任央视驻美国首席出镜记者。现主持《高端访谈》《机遇中国：对话省部长》《舆论纵贯线》《先声夺人》等栏目，参与总台多个重大宣传报道任务和对外宣传任务。曾接受十余家国际主流媒体采访，就国际热点问题发出中国声音。入选达沃斯世界经济论坛"全球青年领袖"。获得 2020 年中宣部宣传思想文化青年英才、2021 年全国新闻出版广播影视系统先进工作者、2022 年总台第二届十佳电视播音员主持人等荣誉称号。2010 年被国务院授予上海世博会先进个人。

"在国际舆论场上，我们需要不断提升影响力"

2023年2月，他在《高端访谈》栏目中对话伊朗总统易卜拉欣·莱希，一个小时的专访进行得十分顺畅。聊到兴起处，莱希接过他手中的红色留言簿，写下"祝贵台在分享智慧和传播希望方面取得成功"的寄语。

2022年10月，由中国企业承建的、被称为"全欧洲施工难度最大的高速路"的黑山南北高速公路，却被某些西方记者描绘成了"中国对欧洲的债务陷阱外交"。他带领团队实地探访黑山高速，以事实说话，有力驳斥那些别有用心的西方媒体。

2020年3月，新冠疫情全球肆虐，西方指责中国疫情防控不力，他在卡塔尔半岛电视台发出了来自中国强有力的声音：我们需要的不是恐慌，而是事实，并介绍了中国人民众志成城抗疫的情况。

在总台全新双语栏目《高端访谈》及国际焦点事件中，总能看到这个睿智、帅气的身影，他用流利的英文、缜密的逻辑和坚定的立场，走在为中国发声的前线。他就是中央广播电视总台CGTN主持人、国际时事评论员——王冠。

2006年，21岁的王冠获得21世纪杯全国大学生英语演讲比赛一等奖。比赛现场，在即兴回答"陈述自己未来的梦想"时，他说："我想成为一个出众的沟通者，沟通中国和全世界。"而向他提问的，正是他现在的同事——CGTN主持人、记者刘欣。

梦想很快照进现实。从后期编译工作到普通出镜记者，到驻美首席记者，再到第一位定期在美国国务院发布会上提问的总台央视记者……

因为犀利的提问风格，他曾经被戏称为"让美国国务院发言人很头疼"的记者。后来，王冠结合自己八年驻美一线的经历和对数百篇西方媒体报道的分析，撰写了研究著作《让世界听懂中国》。

在2019年回到国内后，他由记者成功转型为主持人。在《高端访谈》栏目中，他把"记者型主持人"的角色发挥得淋漓尽致。

主播台上的他，一丝不苟、才思敏捷；生活中的他，热爱生活、热爱运动。让我们一起走近这位不止一面的国际新闻主播。

谈《高端访谈》| 这是一个重要的对话平台

2022年10月，总台推出的全新双语栏目《高端访谈》是在什么样的背景下诞生的？你的主要任务和角色是什么？对话全球政要，说实话，你的压力大吗？

《高端访谈》立足国际格局的新变化、全球治理的新挑战和中国外交的新高度，强调人物权威性、话题前沿性和思想战略广阔性，从开播至今，这一直就是我们栏目的定位。这档栏目是在慎海雄台长的指导和部署下，在总台领导以及新闻中心、CGTN各级领导的关心下创办的。我作为栏目的主持人和记者，感到责任重大。我感受到的最大的压力是在约采和采访当中遇到不可预见的因素。

当面临约采困难的时候，一般是怎么处理的？有哪些节目的幕后故事可以分享？

外国元首和政府首脑的工作非常繁忙，他们在访华期间，一天当中可能参加十几场甚至几十场会见。在这些频繁会见的间隙中，想让他们抽40分钟的时间接受专访，非常难。

记得有次采访一位外国元首，我们从上午8:50一直等到晚上11:30，在这期间我们就在一个半封闭的屋里等。为了表示尊重，不想让外国元首和外方团队进来后闻到满屋饭味，团队十几个人从早到晚就吃了点清淡的三明治，但工作是快乐的，这些都微不足道。

突发状况也是常有的事。比如采访时任巴基斯坦总理夏巴兹·谢里夫，他的第一句话就是非常感谢这次的采访机会，但是他只有10分钟的时间。当时我蒙了1秒，心想这档节目至少要采访25分钟，但我灵机一动跟他套起了近乎，提到我曾经在2011年去过他当时担任首席部长的旁遮普省，还谈到当地媒体因为他对修建基础设施言出必行而发明了"夏巴兹速度"这个词，他顿时双眼放光，觉得我们对他的执政经历和中巴合作还是有一定了解的。最后采访一共进行了27分40秒。

伊朗总统莱希在接受采访后，为总台写下"祝贵台在分享智慧和传播希望方面取得成功"的寄语。莱希总统是首位给《高端访谈》题字的外国领导人，这个寄语很珍贵。

对，的确如此。我开始采访莱希总统的时候，夜色已深，采访进行了将近1个小时。采访结束的时候其实已经是第二天了，他在留言簿上给总台写下了寄语，签上了名字，落款写日期的时候，他也已经不太确定当时是哪天，还特意向身边助手询问了日期。

令我印象非常深的是，虽然只有几个字，但莱希总统一笔一画写了足足有两分钟，非常认真严谨。从这个细节可以看到很多外国政要对《高端访谈》、对总台的重视。应该说，这个节目已经成为中国和其他国家进行民间外交，帮助两国的民众更多地、更实质性地了解彼此的一个重要的对话平台。

2023年2月，王冠在北京钓鱼台国宾馆专访伊朗总统莱希

看你采访外国政要时总是沉稳自如，就像拉家常一样，你是怎么做到的？

我特别欣赏主持界前辈的一句话——准备、准备、再准备。如果做了充分的准备，就不会紧张，对所有未知的情况考虑得越全面，现场就会发挥得越好。台上一分钟，台下十年功。比如说，接下来我要去采访一位拉美国家总统，这1个月的时间里，我已经读了3本他的个人传记，还有两本关于两国关系的书。从这些著作当中，我可以找到很多提问的灵感和角度。

谈身份的转变 | 一切都是最好的安排

你从一个驻外记者转型为主持人,最大的心得是什么?

我做了10年记者,包括8年驻美记者,"记者"这两个字光荣且神圣,也是让我非常兴奋的一个职业,非常感恩能有这样一段经历。回国后,我得到了更多的锻炼和历练,所有的经历都让我今天在主持台上多了几分自信,多了一些笃定。现在看来,一切都是最好的安排。

伊朗总统莱希在留言簿上签名并题词:"祝贵台在分享智慧和传播希望方面取得成功!"

你更喜欢记者的身份还是主持人的身份?

这二者不矛盾,主持人本质也是记者,主持人要传递权威声音,塑造影响力,要有号召力,而记者的本质是要学会求索、调查、提问,如果要成为一个好的主持人,记者的这些素质都是不可或缺的。现在我除了在演播室工作外,也需要到新闻现场做采访。

比如2019年底,我们团队在新疆深入采访了两周,做了一系列的调查报道,来用事实回击西方"恐怖"偏见,在国际上产生了很大的影响力。这几期节目在全球搜索引擎涉疆议题上排名前十,抗衡了曾经占据主导的西方叙事。

我们在国际主流媒体平台上发出中国的声音,带来中国的视角和思考,离不开在新闻现场用一手信息报道的能力,所以我觉得好主持人应该也是好记者。

2022年10月,王冠主持《遇鉴文明》节目

你做了16年记者和主持人,有时是用英文进行采访报道和主持,有时是用中文。你是如何做到两种语言、两种思维自如切换的?是不是有时候也感到"烧脑"?

我的家人经常调侃我是A型血,追求完美。我会经常回看自己主持的英文节目,如果哪一个词读错了,我会非常懊恼。

直到现在我也会去查剑桥词典、韦氏英语词典,把一个多义词反复查清,去弄明白为什么会读错或者用错。说实话,我前进的动力之一就是我总认为自己做得还不够好。在两种语言之间切换有时候确实让人觉得挺"分裂",但是我觉得最"烧脑"的时候可能是在十几岁学英语的时候吧。

你需要把两门语言都学得很好,并做一个相对独立的处理,英文就是英文,中文就是中文,跟外国人说话的时候,要用他们能够听懂的方式跟他们交流,需要和他们辩论的时候,要用对方能接受的方式来表达。

谈总台对外传播 | 世界听到了中国媒体声音

近些年，总台持续提升海外投送能力，突破美西方媒体长期的话语垄断，不断提升就地"消毒"能力。作为总台记者，你有什么切身感受吗？

在对中国关注度最高的一些国际焦点问题上，总台记者到新闻现场发回原汁原味的报道和独家评论，用国际化的表达方式，更有效、更有力地阐述中国的观点，捍卫中华民族的利益，这是非常重要的。

过去的一年，我们借助《高端访谈》的平台，到一些国家采访。比如我们去了黑山，发现当时西方媒体热炒由中国承建的黑山南北高速公路，说这条高速的修建"是中国的战略野心""是中国对发展中国家造成的债务负担"。我们通过在现场的实地探访，发回一系列报道，回击了"债务陷阱论"等指责，针锋相对、以正视听，取得了很好的传播效果。在 YouTube 上搜索黑山高速公路相关报道，这条新闻热度排名全球第四，我们的努力没有白费。在国际舆论场上我们需要不断提升国际影响力。

王冠带领团队实地探访黑山高速，以事实说话，打脸那些别有用心的西方媒体

在一系列重大国际新闻报道中，总台一大批独家新闻报道屡屡成为全球唯一信源，多位主持人、记者、评论员在海外主流媒体密集发声，你作为其中的一位，能结合某一次发声，讲讲传播效果吗？

比如 2022 年美国国会前众议院议长佩洛西窜访中国台湾地区，当天我有机会接受了英国广播公司（BBC）一档西方老牌新闻节目 BBC World News 的采访。我讲述了佩洛西窜台违反中美三个联合公报，美国政客说一套做一套，以及以台制华的战略目的。后来我的欧洲朋友告诉我，这段采访在 BBC 新闻台当天滚动播出了 6 次，而且这档节目也与美国电视台有合作，很多欧洲和北美的观众都看到了。

总台一直鼓励记者、主持人积极发声。给世界带来中国媒体人的思考和思辨，这是我们的职责。

2023年4月,王冠在上海专访巴西总统卢拉

2023年6月,王冠在北京专访前世界足球先生、巴西球星卡卡

在国际传播领域,你已经深耕十几年,还撰写了《让世界听懂中国》一书,它也入选了"学习强国"推荐书单。听说写作过程耗时两年。是什么动力让你写了这本书?书里对国际传播有哪些新思考?

总台成立后,慎海雄台长特别鼓励青年记者海阔天空想、脚踏实地干,鼓励大家用平实的个性化语言讲好中国故事。我驻美最后3年,深感不能枉费这段经历,就把工作之外的全部时间拿来写书。其中花了两年时间去抓取和分析过去10年国际舆论场上定义中国国家形象的六大新闻事件和400篇热度最高的相关外媒报道,归纳出了某些西方媒体抹黑中国的六大套路:话语联动、"反共"框架、名词构建、自由偏见、议程设置和双重标准。这本书还从修辞话术等战术层面分享了提升中国话语的7点思考:拓展话语维度、尊重国际传播规律、诉诸同理心"接着说"、形式+内容+逻辑、"小学生"词汇力量大、善用幽默和修辞、给孩子补堂说话课。

闲聊两句

如果选择一个词来概括你进入总台后的职业生涯，会是什么？

历练。我刚进台的时候就对国际传播抱着一腔热情，10年的记者生涯，培养了我现场调查、现场提问、新闻写作的能力。尤其近6年，在总台承担多个栏目的记者、主持人、评论员的工作，更让我得到了很大的历练。

听说你还是中国主持人足球队的主力队员？

是的，鲁健、贺炜都是我的球友，我们争取一周去踢一次足球，我一般踢前锋、中锋，我特别喜欢C罗。我现在是CGTN足球队的队员，也是主持人足球队的队员。运动对我来说太重要了。做记者身体要扛得住，有时候出差持续奔波，一个好的身体尤为重要。运动和出汗可以让我更积极地面对生活和工作。

记者：马媛媛 中国电视报

中央广播电视总台CGTN（中国国际电视台）新媒体主播
时事访谈节目《菁菁乐道》主持人

李菁菁

作为中央广播电视总台CGTN（中国国际电视台）新媒体记者，李菁菁在海外有较高关注度。自加入总台以来，她一直活跃在海外传播工作的第一线，以开朗直爽的个人风格结合深入一线的观察和采访，就乡村振兴、共建"一带一路"倡议等重要话题，在海外舆论场上驳斥对于中国的不实报道，讲述真实的中国故事。

她主持的访谈节目《菁菁乐道》成为各国有真知灼见人士的发声平台，她的旅行Vlog也成为海外受众了解中国的重要渠道之一。真实、有个性的报道方式使她收获了超过300万海外用户的关注，遍及欧美、中东、拉美、非洲等地区。她还与多个国家的学者、对华友好人士保持着良好的关系，形成了"菁菁海外朋友圈"。

随着报道内容影响力的提升，她也逐渐被多个西方主流媒体和智库关注。

李菁菁
Li Jingjing

《菁菁乐道》和她的 300 万+ 海外"朋友圈"

"要敢于站出来捍卫自己的尊严、捍卫真相"

"2023年全国两会,我的报道重点围绕我国全过程人民民主和乡村振兴工作展开。"接受采访时,李菁菁正作为2023年全国两会总台上会记者,在前方参与采访报道。

她介绍了自己的报道思路:"随着我不断对外发声,呈现我的一线报道,越来越多的海外受众开始关注我。他们都对中国的发展十分关注,希望能借鉴成功经验,帮助自己的国家实现脱贫,发展得越来越好。"

李菁菁的报道大部分是用英语呈现的,但其辐射范围远不止英美等国。

"报道的传播效果往往超乎我的预料。很多海外社交媒体的网友会自发把我发布的内容翻译成阿拉伯语、西班牙语等,还会有说着不同语言的、来自世界各地的大V转发我的视频和推文。"

在海外社交媒体上,李菁菁有很高的关注度。她把采访期间的所见所闻拍摄成Vlog,让各国网友沉浸式领略中国不同地区的风景和文化。面对一些抹黑中国的不实言论和歪曲报道,李菁菁也会毫不犹豫地出击,摆事实、讲道理,告诉世界真实的中国到底是什么样。

她从不畏惧在非母语环境中发声,"我觉得应该敢于正面硬刚,面对赤裸裸的抹黑和栽赃,要敢于站出来捍卫尊严、捍卫真相"。

随着关注者越来越多,李菁菁也开始被众多知名外媒节目邀请,作为嘉宾分享关于共建"一带一路"倡议等热门话题的观点。

她还制作了极富个人特色的访谈节目《菁菁乐道》,邀请叙利亚嘉宾揭露西方制裁导致该国经受的人道主义灾难,连线美国前五角大楼高官揭秘美国军工复合体如何炮制"中国威胁论"。慢慢地,通过李菁菁的节目了解真相的人越来越多。

对于未来,李菁菁充满信心:"我不是一个人在奋斗,总台还有很多同事跟我一样在为发出中国声音而努力。慎海雄台长说过,中国媒体有责任有义务破除西方媒体的'话语霸权''有色眼镜'。"

"总台为我们提供了一个很大的平台,让我们自由地施展拳脚,用不同语言到国际舆论场上发声。打得一拳开,免得百拳来。我相信,我们一定能让世界认识真实的中国。"

谈发声 | 第一次站出来是因为"愤怒值拉满"

是什么经历让你决心要发声反驳针对中国的不实言论？

2020年初新冠疫情暴发，总台派了很多记者到武汉报道，我也是前方报道团队的成员。

在当时那种前所未有的情况下，我在前方看到的是全国人民团结一心共克时艰，但同时我在海外一些网站上看到的是各种各样对武汉的污名化、对中国的污名化、对中国人的污名化。荒谬的、完全违背事实的谣言甚嚣尘上，甚至在某些国家出现了歧视中国人的情况，我当时真的可以说是"愤怒值拉满"。我想，作为一名中国记者，我在现场看到了真相，必须把我的所见所闻呈现出来，这应该是驳斥部分西方媒体抹黑中国的最好证据。我就是从那时开始真切地体会到，不能再任由别人随意抹黑了！作为一名中国记者，我可以讲好我们自己的故事，让人们认识真实的中国到底是什么样子。

2020年李菁菁作为总台派往武汉疫情报道一线的记者，在武汉的同济医院采访医护和病患

2023年9月李菁菁在坦桑尼亚拍摄坦赞铁路纪录片时,与当地小朋友记录下的精彩瞬间。她被海外网友称为来自中国的"民间交流大使"

在海外媒体平台讲述中国故事,你独特的叙事是怎么来的?

作为记者,总台给了我很多采访的机会,让我走遍祖国山河,深入田间地头,用自己的眼睛观察我们国家许多的人和事。我能跑到青藏高原上,体会青藏铁路到底是在多么严酷的气候条件下修建完成的;我能深入干旱的新疆戈壁,看当地百姓用水问题是怎样解决的。

我坚信一句话,"脚下沾有多少泥土,心中就沉淀多少真情"。我在神州大地上行走过,才能对我们自己的国家有更深刻的认识,才能讲好我们自己的故事。这是我的一个优势。

还有,我在国外学习和生活过。我很幸运地出生在一个很好的时代,有机会走出国门开阔眼界。

我又是一个特别喜欢和人交流的人,所以我也了解西方看中国的视角,了解西方文化。知己知彼,把中西文化贯通,才能成为一个很好的沟通桥梁。我平时也是互联网重度用户,国内外几乎所有社交平台我都有过探索,会去研究大家当下感兴趣的、关注的是什么。

一开始,我只是把我在采访中的见闻分享出去,引发网友关注后,他们的留言也会给我提供创作思路,我就会着重分享大家想看的内容。

其实很多人非常想了解中国,但是找不到一个合适的渠道去挖掘真实的信息,我就让自己成为这个渠道,跟大家做朋友。

在一个充斥不同声音的环境讲述真实的中国故事，一定会遭受很多非议，你是如何勇敢面对这些负能量的？

我是一个很乐观的人，但乐观的人也会有难过的时候，我也会跟亲人、朋友、同事倾诉。我确实要感谢CGTN新媒体部的伙伴们，给我提供了很多支持，帮我排解心理压力。

在工作中，我也渐渐意识到这些"喷子"攻击的不是我个人，而是针对我的身份和我所讲述的内容，他们无非是想让我不发声。这时候我就更要内心强大，想让我闭嘴是不可能的，越攻击我，就越证明他们在意我，证明我的报道揭穿了他们的阴谋，这反而让我觉得我做的事情更有意义了。

2023年9月，李菁菁在巴基斯坦采访时，与当地民间乐团共同表演

由于文化环境不同，中西方交流的方式有很大差别。你如何探索出一条合适的发声途径？

简单来说就是态度要真诚，内容要真实，它是一切信任的基石。

我的所见所闻都是真实的，我从来没有传播过假消息。还有，虽然我有时候也会跟别人正面"硬刚"，但我从来不会跟别人对骂或吵架，还是要有礼有节，呈现翔实的证据，才能让人心服口服，彻底击碎谎言。

谈内容 | 用日常点滴让谣言不攻自破

在日常工作中，你会重点向外国网友分享哪些内容？

我分享的内容包罗万象，以中国的文化和生活、中国发展的脚步，以及我对国际新闻的一些见解为主。

除此之外，我每走到一个地方，都会分享一些日常，一些没有笼罩在某些西方媒体滤镜下的风景、事物和人。

虽然在一些国际大事上发声很重要，但普通生活中的细节也很吸引海外的观众。

比如我拍摄的"看珠峰"Vlog，我从一扇窗望出去，西藏的风景就出现在眼前。远处是巍峨耸立的珠穆朗玛峰，脚下是青藏高原的坚硬冻土。跟随我的镜头，观众能直观地看到西藏是如何辽阔，珠峰是多么壮丽，也能明白青藏铁路是在怎样奇绝的自然条件下修建的。

我想让外国网友看到我们国家真实的面貌：我们的天空是蓝色的；我们可以化很漂亮的妆，衣着可以很鲜艳；还有我们国家的高铁四通八达。这些点滴能帮助海外观众了解鲜活的中国。

我们总说"中国文化"，其实中国的文化是多样的、多民族的。我每走到一个地方，都会被各地区、各民族的音乐、舞蹈、习俗震撼，我也因此希望吸引更多人关注我国灿烂的多民族文化。

李菁菁走访了国内不同省市和乡村，她呈现的扶贫故事让更多海外观众了解中国如何让老百姓走向共同富裕

当然，也不乏一些西方势力，总拿我们国家的某几个地区炒作，就好像他们很关心中国的某一个民族或某一个地区似的。但其实你真的问他"这个民族、这个地区有怎样的文化？他们的生活是什么样的？"，这些人完全不知道。

我觉得这就很虚伪。所以当我的视频让更多人了解到中国的真实样貌，这些恶意炒作抹黑的人也就更难达到目的。

现在我经常能看到，当某些西方政客又在捏造谎言的时候，有网友就把我的推文发到他们的评论区中。大家不断分享我的内容，更多人看到真相，这些西方政客和他们背后势力捏造的谎言自然就被揭穿了。

李菁菁在新疆、西藏、广西等地拍摄了很多 Vlog，希望更多人能认识到中国灿烂的多民族文化

你的访谈节目《菁菁乐道》也有了很高的关注度，这档节目的定位是什么？

做这档节目的初衷是给我的"海外朋友圈"提供一个发声的平台。我们谈论的话题涉及方方面面。比如，我曾经邀请到一位伊拉克学者，和我一起分析"共建'一带一路'倡议可能导致债务陷阱"这一谎言如何被某些国家一手炮制，真实的经济数据又是什么样的。对美国政府不断渲染战争气氛一事，我还邀请到美国的普通民众一起讨论，他们表达了强烈的反战情绪。

来参加节目的是部分西方主流媒体从来不会邀请的嘉宾，他们发表的是不为这些媒体所认同的观点。

《菁菁乐道》慢慢成为一个独特的发声平台，我觉得还是挺值得骄傲的。

李菁菁的时事访谈节目《菁菁乐道》为她的"海外朋友圈"提供了发声平台

谈认同 | 网友信任的不仅是我本人

活跃在海外社交媒体，你是否收到过令你印象深刻的评论、留言？

我的社交账号互动量很高，经常会有让我印象深刻的留言。

比如，我的节目是用英语呈现的，但有一个粉丝特意用西班牙语给我留言说："我此刻在秘鲁首都利马收看你的报道，你的报道已经传播了这么远！"还有一位加拿大的退役老兵，他是我频道的订阅用户。他说自己年轻的时候对中国有各种偏见，觉得中国很落后。后来他看到了不同渠道的信息，才发现自己当初的观点大错特错。他说："谢谢你的报道，把我一个曾经这么极端的人彻底改变了，让我发现了中国是一个多么美好的国家。"

这些评论支持着我直面某些西方主流媒体的攻击——"当你被攻击，就证明你一定做对了什么"。这也是我继续奋斗的动力。

潜水等户外运动是李菁菁的业余爱好，这份冒险精神也指引着她在工作上不断创新

此前一位网友将你的照片和美国微软全国有线广播公司当家女主播、时政评论员雷切尔·玛多的照片拼在一起，向网友提问"中国主流媒体和美国主流媒体，你们更相信谁"，多数网友选择更相信你，对此你有什么感想吗？

我看到那张图的时候还挺惊讶，因为那位女主播工作几十年了，资历很深。我觉得在这场"较量"中，"获胜"的不只是我，支持网友做出判断的理由中，很大一部分来自他们对CGTN、对总台、对中国的信任。

某些西方媒体一直强调我们是中国官方媒体，他们似乎认为这个标签对于我们是减分项，但实际上很多海外受众信任的恰恰就是我们"中国官方媒体"的身份。

此前就有水军在我的评论区发布我作为CGTN记者的截图，说："大家知道吗？她可是中国官方媒体的记者。"结果很多网友站出来表示"就是因为李菁菁是中国官方媒体人，我才更相信她"。能作为总台记者让大家关注并信赖，能看到中国媒体人收获越来越多海外受众的支持，我感到格外开心和自豪。

闲聊两句

你在社交平台的个人简介中写道:"当你无所畏惧,生活就有无限可能。"你期望自己的工作、生活中还会出现什么样的可能?

我并不会预设好具体是什么可能,但我期望永远有新的可能。我喜欢冒险,喜欢生活和工作带给我的新鲜感,所以我永远会包容人生的各种选项。

繁忙的工作之余,你有什么爱好?

我的爱好非常多。我喜欢旅游、跳舞,还特别喜欢户外活动,不工作的时候我只要有机会就会跑出去爬山、潜水。

你喜欢什么样的舞蹈呢?

我特别喜欢跳拉丁美洲的各种舞蹈,比如萨尔萨、巴恰塔。这些舞蹈自然奔放,让我沉浸其中,不在乎我的动作到底有多么优美、是不是技巧高超,而只是享受音乐、尽情释放、做我自己。

记者:吴楠 中国电视报

中央广播电视总台CGTN（中国国际电视台）评论员
美国彭博社、英国广播公司等近百家国际主流媒体特邀评论员

荣寰

对外发声"敢讲"，更要"善讲"

　　阿拉伯语评论员。2019年以来，与美国彭博社、英国广播公司、英国天空新闻电视台、法国24台、德国之声电视台、今日俄罗斯电视台、卡塔尔半岛电视台、沙特阿拉比亚电视台等近百家西方媒体阿语频道和阿拉伯国家主流电视台进行直播连线1800余场，总时长超过60000分钟，在国际舆论场有力驳斥涉华不实言论，其评论节目在海外形成强大的传播力和较高的知名度、影响力。

　　曾参加亚洲媒体高峰会议、第四届中国-阿拉伯国家广播电视合作论坛、亚洲文明对话大会、中国-阿拉伯媒体合作论坛等重大活动并担任阿拉伯语翻译。在亚洲文明对话大会开幕式、全国两会、中国空间站天和核心舱发射等重大活动电视直播中担任阿拉伯语同声传译工作。

　　2023年5月当选中国中东学会理事。获得中央广播电视总台第二届十佳国际传播人才、总台首届青年英才称号。

"让世界不再只听到一种声音"

荣寰是一名阿拉伯语评论员，国内观众对他可能有点陌生，但在阿拉伯世界，"纳迪尔"（荣寰的阿语名字）是观众非常熟悉的中国面孔，是许多国际媒体最喜欢邀请的评论嘉宾之一，也是他们眼中的中国问题专家。

每天，荣寰都会接到许多来自外媒的直播连线邀约，谈论的话题都是时事热点。比如2023年年末，话题就大多集中在"第三届'一带一路'国际合作高峰论坛""巴以冲突升级""王毅外长访美"等，不少提问很尖锐，直指敏感问题，比如"联合国安理会就巴以问题投票是否只是大国博弈""中美关系是否企稳向好"等，他都一一予以回应。对一些媒体故意渲染炒作的"中俄结成反西方联盟""中国6艘舰艇同时现身中东"等，则有理有据地反驳澄清。

现在，他基本上保持着每个月100多场的连线频次，最多的时候，一天就有20多场。2022年8月2日，时任美国国会众议院议长佩洛西窜访中国台湾地区。当天晚上，荣寰的手机快被打爆了，数十家外媒密集邀约、在线排队，有时两场连线之间甚至"无缝衔接"。那一次，他连续48小时没合眼。

全天在岗、时刻准备、快速反应、就地直播，是荣寰的日常。像中国斡旋推动沙特、伊朗恢复外交关系那一次，"对话会结束不到10分钟，阿拉比亚电视台的连线电话就打了进来"。

2023年除夕，正和家人在外边吃年夜饭的他接到采访电话，当即在饭店找了一个角落；还有一次正在开车，他赶紧在附近找了一个停车场，在车里完成了连线。"每一次邀约都要珍惜。"荣寰说，"多一次连线，就多一次向世界讲好中国故事、传播中国声音的机会。"

不需要演播室和复杂的装备，荣寰的直播，通常只有"一个人＋一个双肩包"，包里是一台笔记本电脑和一副降噪耳机。"环境嘈杂也不怕。没有Wi-Fi，就用手机5G开热点。"没有太多时间准备，靠的就是日常积累。荣寰长期深入研究国际传播和国际问题，是中国中东学会的理事。他希望能针对每一个话题进行深刻解读，不做泛泛之谈。

如今，荣寰合作过的近百家外媒，涵盖了当今大部分世界主流媒体，连线话题更加多元，时长和形式也从最初的短新闻拓展到一两个小时的辩论、访谈。既坚定自信、不回避问题，又不卑不亢、以理服人、以情动人，荣寰的对外发声赢得一批国际媒体和受众的赞誉。

"在一个还算不错的年纪，能干一份恰好自己喜欢的工作，是人生之幸。"荣寰自认"是一个天资不高的人，同样一件事，我可能要付出比常人多几倍的努力"，所以只好"笨鸟先飞"，"我常常告诉自己：路虽远，行则将至；事虽难，做则必成"。

谈"对外发声" | 让世界不再只听到一种声音

你是什么时候开始意识到,我们需要充分利用外国主流媒体平台等渠道,表达中国立场、阐明中国理念,在国际舆论场发出响亮的中国声音?

2020年之前,我的主要工作是翻译编辑。新冠疫情暴发初期,西方媒体几乎将所有矛头指向了中国,很多国外的朋友给我发来问候,事件被扭曲的程度完全超出我的预期,很多在中东国家的朋友听不到真实的声音,我对此感到震惊。与此同时,我意识到了国际传播的重要性。即使我们无法实现在短时间内将真实的中国声音传播到世界的每一个角落,至少也要让这个世界不再只听到一种声音。

在工作中我发现,西方民众不是每个人都对我们充满敌意,他们也不是在多种选择中,选择了不相信中国媒体,而是他们只能听到一种声音。部分外媒长期持续性抹黑中国的宣传方式,让很多西方民众形成了这种错误的认知。

中国和阿拉伯国家之间的友好交往源远流长,从古丝绸之路上的"舟舶继路、商使交属",到今天不断深化各领域合作,共建"一带一路"互利共赢。阿拉伯民众有着十分迫切的愿望,想要了解真实的中国。不断提升重大问题对外发声能力,破除部分美西方媒体长期垄断的舆论黑幕,向世界展现可信可爱可敬的中国形象,我们要做的还有很多。

在外媒平台,甚至在对方的"主场",与他们的政要、专家唇枪舌剑,你觉得是什么给了你勇气?

是事实给了我勇气。我在连线时经常说,我不需要任何华丽的辞藻去润色我的观点,因为事实胜于雄辩,事实是最好的例证,它足以说明问题。在节目中,只需要把真实的中国展现出来,还原事实,就足够了。

在对方的"主场",经常要面对充满火药味的场面,甚至会出现主持人站在对立角度不断发问,几个英美嘉宾一起"围堵"我一个中国嘉宾的情况。但这也是我们工作的意义所在。毕竟,让受众改变固有的看法,甚至是颠覆他们几十年的认知,很难是风平浪静的。

我接触的这些外媒大致可以分为三类:一类是对华友好媒体;一类是持中立立场的媒体,大部分阿拉伯国家的媒体属于这一类;还有一类,他们的对华报道总是戴着有色眼镜,报道中经常抹黑中国形象,有时还会故意"挖坑"。

全天在岗、时刻准备、快速反应、就地直播，是荣嶂的日常

既然如此，你为何还会接受这些媒体的采访？

尽管他们服务于宣扬美国价值观和美国外交政策的媒体机构，但这些电视台很多阿拉伯语频道的雇员来自阿拉伯国家本土，因为部分阿拉伯国家也同样面临着美西方国家在人权、民主等方面的指控和抹黑，他们对中国的情况感同身受，也会尽量让来自中国的客观真实的意见呈现在他们所供职的媒体上。

美国自由电视台就是戴着有色眼镜看中国的典型代表，但他们迪拜节目中心的新闻制片人 Siham Moumen 这样告诉我："中国的不断发展和崛起，大家有目共睹，中国在国际舞台上的作用也越来越大，我们阿拉伯人都意识到与中国的合作至关重要，就连我的儿子也正在学习中文，我们应该以发展的眼光和长远的视角来看待中国的发展。"同样的情况也适用于 BBC，我与 BBC 也合作过上百次直播节目，有时候一天内与 BBC 多档节目连线，每一分钟来自中国真实声音的表达，都至少会减少他们一分钟抹黑中国的报道。

2024年1月31日晚，荣嶂就巴以冲突话题与BBC连线直播，表明中方立场

荣嶂在迪拜 sama 电视台参与节目录制

谈"就地'消毒'" | 在事件发生的30分钟内进行评论

既要"敢于斗争",也要"善于斗争",面对敏感话题和主持人带有偏见的提问,你如何见招拆招?

比如有美国嘉宾大肆宣扬美国"言论自由",还邀请我去美国体验一下所谓"无限制的自由"。我回应说,美国枪支泛滥、安全问题突出、种族矛盾尖锐;而在中国,凌晨2点,你可以自由、安全地穿行于大街小巷,来中国体验一下,你会知道什么才是真正的"自由呼吸"。还有一次,谈到"英国禁用华为5G",我直接指出,英国地铁上车之后手机根本没有信号,大家都希望科技发展让生活更便利,但英国政府不顾共赢之利,无视民众期待,只为跟风美国,实在不智。最后英国嘉宾无话可说,只好说,我们在地铁上不看手机,看看书还能培养阅读习惯。他说完,连主持人都笑了。

要做到"敢讲会讲",你都经历了哪些挑战,有何收获?

"俄乌局势"是我从事连线工作以来遇到的第一次密集采访。在连线的同时,各种社交软件的提示音和电话铃声此起彼伏,根本无法操作,节目和节目之间几乎"无缝衔接",说话的语速自己都能感觉到比平时快。此外,这种密集采访对语言表达要求更高,需要差异化的表达。是一件事情用100种方式表达,而不是同样一句话说100次。不然,如果我是观众,想必也会讨厌这样的嘉宾。这对业务能力和身体状况都是挑战。我记得当时我是从中午一直连线到凌晨,连喝口水的工夫都没有。紧张的节奏让我忽视了身体的不适,等到做完所有节目,才发现自己经历了人生中第一次因为说话说太多而导致的低血糖。经过这些锻炼,对短时间内的密集连线,个人感觉在节奏的把握上有了明显提高,在时间安排和时长设置上都有了综合考虑,每次尽自己的努力让传播效果最大化。

总台提出要"加大海外投送能力建设,抢占第一话语权、第一定义权,千方百计提升就地'消毒'能力"。能谈谈你的理解吗?

我认为国际传播工作最核心的因素就是快。很多民众对问题的认知停留在先入为主的层面,如果不能抢占第一话语权、第一定义权,就意味着失去国际传播的最佳时机。解释的成本很高,但效果却远不如率先发声。提升国际传播能力,就要化被动为主动,先发制人,而不是受制于人。互联网惊人的传播速度是把双刃剑,就地"消毒"对于一些抹黑中国的不实报道效果尤为明显,我们要把这些事件的消极影响消除在萌芽状态,而不是任其发酵。在近期的一些重要国际报道中,我们都做到了在事件发生的30分钟内对该事件进行评论。

谈"国际传播" | 做懂语言知文化、善讲中国故事的国际传播者

你还是一名出色的同声传译员,曾多次在重大活动直播中承担阿拉伯语同传工作。你觉得做同传和新闻评论哪个更难?

阿拉伯语本身比较难,语法和用词都很复杂,无论口译还是笔译,要做到精确表达绝非易事。表达同样的意思,阿拉伯语句子通常要比汉语句子长,而且也并不是每位嘉宾都会按照发言稿来讲,这些都要靠临场应变。当然最重要的还是靠积累,多和阿拉伯朋友交流,多了解一些当地的语言习惯和用法。比如汉语成语"入乡随俗",阿拉伯语里也有类似的谚语"如果跟一群人在一起生活40天,就会变成其中的一分子"。

我觉得同传的经验对于我现在的新闻评论工作而言非常宝贵。这两个工作其实有着非常相似的地方,对语言的要求都非常高,较强的语言听说能力是做好工作的前提。语言功底不够是硬伤。但同传工作只需要专注地坐在同传间,手脑并用认真完成工作就行,而新闻评论工作是一个需要画面感、节奏感、氛围感的工作,评判完成度的标准不仅仅有语言,还需要注意语言表达的层次、回答的精准、节奏的控制,甚至连得体的服装,我个人认为都是考核的标准之一。

总台成立以来,鼓励支持总台"网红"记者、主持人施展才华,你如何看自己从事的这份国际传播工作?

总台成立之后,我们变得前所未有的朝气蓬勃和热血沸腾。总台给我们提供了广阔的发展空间和更高的发展平台,让我们可以海阔天空想,脚踏实地干。

慎海雄台长提出,总台要培养"懂语言知文化、善讲中国故事的国际传播人才"。我认为没有人比中国人更了解中国,也没有人比中国人更善于讲中国故事,我们不但要把中国故事讲好,还要用中国式叙事把中国故事讲好,要有自己的表达。举一个小例子,外国朋友以前说"北京"总是"Peking",但现在很多阿拉伯朋友开始喜欢说"Beijing",我认为这就是一种对我们文化的认可。类似的例子不胜枚举。因此,懂语言、知文化是一个至关重要的因素。我们的传播不只要走出去,更要走进去。只有懂语言才能了解当地的真实舆情,知文化才能让我们的传播既有深度又有广度。我们不是照本宣科,而是要让人信服。既要给有相关知识积累的人以思辨,也要让普通民众通晓事实,这也是差异化传播的意义所在。我们不能做雁过不留声的人,每一次发声,即使不能激起千层浪,涟漪也是要有的。

闲聊两句

当年为什么会选择阿拉伯语这样一个小语种作为自己的专业？

我高中时是理科生，立志成为科学家，整个高中阶段都在准备生物竞赛，最后却因为种种原因被保送成了一名文科生。选择阿拉伯语，大概是因为当时竞赛没有保送到理想的学校，心中又有诸多不甘心，最终选了一个自认为难学的语言，也算是以另外一种方式证明自己吧。

你的阿拉伯语名字"纳迪尔"是什么意思？

是"稀少""稀有"的意思。这个名字是我的老师给我取的。

平日里你都有哪些爱好？

读书。最近我在看一些经济学方面的书。因为连线话题包罗万象，很多涉及供应链、半导体、清洁能源、无人驾驶汽车等内容。我日常也会搜集和翻译一些资料，帮助阿拉伯国家的朋友们了解中国在经济、科技等领域的发展成就。

记者：孙莲莲　中国电视报

在科学传播领域
发出中国声音

　　中央广播电视总台 CGTN（中国国际电视台）制片人、主持人。他于 2019 年创办 CGTN 探客工作室，专注中国科技创新和泛科学类议题的国际传播，制作电视科技节目《探客》。杨钊导演了多部科学纪录片作品，获纽约国际电影电视节纪录片奖、亚洲电视大奖、中国广播电视大奖等国内外奖项，相关作品连续 4 年获总台优秀作品奖。获得总台第二届青年英才称号。2024 年起，杨钊担任纽约国际电影电视节国际评委。

Yang Zhao

中央广播电视总台 CGTN（中国国际电视台）制片人、主持人
创办 CGTN 探客工作室，制作电视科技节目《探客》

杨钊

"为世界提供第一手信源"

2020年,新冠疫情暴发。面对未知病毒,中央广播电视总台CGTN(中国国际电视台)科技节目制片人杨钘和他的同事们迅速推出了系列纪录片《病毒之外》,在全球范围内收获超1800万次阅读量。他们组织科学家将新冠病毒的重要科学发现变成深入浅出的报道,这让探客工作室在国际上崭露头角。

2021年,因为接到联合国《生物多样性公约》第十五次缔约方大会(COP15)的报道任务,杨钘和团队跟随科学家,走进中国生物多样性最高的区域青藏高原,创作了他们的首部长纪录片作品《多样之境》,该片后来获得了纽约国际电影电视节纪录片奖。"其实在西方出品的自然类纪录片当中,不乏中国美景和独有生物,但缺乏中国人对生态文明的思考和行动。这也是我们要进入这个领域参与国际竞争的重要原因。"

2022年,作为CGTN年度重磅作品,纪录片《人类碳足迹》聚焦气候变化和"双碳"行动,立足中国,放眼世界,传递中国人在实现"双碳"目标过程中强调的务实精神、行动主义和人类命运共同体的理念,成为2022年在联合国教科文组织总部举办的"中国影像节"展映活动的开幕影片,真正站在了世界舞台上。

杨钘说,这是总台国际影响力的体现,也是他作为总台青年新闻工作者的荣幸。过去5年,他就像工作室的名字一样,成为一名深耕科技垂类报道的"探客",以科学的态度将中国科研工作者们最新的科研成果,转化成通俗易懂的科普视频,给全球观众提供理性客观地认识中国科技实力的视角,为想了解中国科技的人们带去了来自中国的最客观的第一手信源,同时以科学理念回击了国际上无端的诋毁和指责。他也越发深刻地体会到,总台是一片适合青年创新创业的热土。

"我们的科技报道,从一个小小的系列节目,变成了横跨电视节目、科学纪录片制作、百万粉丝网红账号的融媒体工作室,收获了中国广播电视大奖、纽约国际电影电视节、亚洲电视大奖等国内外大奖,连续4年获得总台优秀作品奖。"科技报道是观察人类生活进步的一个角度,也能为海外观众了解中国打开一扇窗。杨钘说,未来他还会继续以科技为切入点,在科学传播领域发出中国声音,让世界更加了解中国。

谈国际传播 | 为世界提供第一手信源

杨钋主持博鳌亚洲论坛
2023年年会

在科技领域发出中国声音为什么如此重要？

站在总台这个国家级媒体平台上，CGTN又是对外宣传的旗舰，自然担负着中国科技国家形象的建设，以及中国科技国际传播的使命，这是我们每一个总台人的责任所在。

从国家级媒体的维度对标重量级国际媒体，我们发现包括英国广播公司（BBC）、美国有线电视新闻网（CNN）、半岛电视台在内的这些面向全球传播的媒体，都是具有一定知名度的科技类节目。比如BBC著名科学纪录节目 *Horizon* 创办于1964年，还有一档播了20多年的科技新闻节目 *Click*，2019年他们为节目播出1000期举办了庆祝仪式。而我们总台CGTN在这一领域显然还有待加强。意识到我们有可提升的空间，这是第一个原因。

第二个原因是中国科技有了长足发展，却并未被很好地传播出去。通过调研，我们发现海外用户对中国科技的感观是比较复杂多元的。一方面，他们认可中国是一个世界科技大国，肯定中国的政策引领、市场驱动、人才储备，但另一方面，"中国威胁论""中国科技质疑论"等论调也兼而有之；一方面，中国大型公共性科学工程受到了世界科学界的广泛欢迎，但另一方面，这些工程的公益性贡献被西方普遍忽视。这些都是我们需要去改变的，而且世界对中国科技形象的认知，与对中国国际形象的认知是呈正相关的关系，所以我们更应不遗余力。

另外，在和国际受众沟通时发现，我们想向世界介绍的中国最新科技成果、科技形象，和大家的认知存在一定偏差。这种偏差也让我们意识到在科技领域发出中国声音的必要性。

在科技报道中，国外受众对中国的刻板印象有哪些？

不论是认知上的差距，还是刻板印象，其背后的重要原因是海外观众对中国科技形象的认知来自西方媒体的他塑，以及他们自己的生活经验。所以提到中国科技，我们以为大家会对航天、深海探测、量子通信、纳米、超算之类的兴趣很大，可实际上，西方民众最熟悉和感兴趣的是 TikTok 之类的互联网 APP，然后是高铁和 AI。

西方民众容易接受中国基建领域的技术突破，但他们对中国科学家在神经医学领域取得突破性进展，可能会持怀疑态度。而一旦要求证，他们不会寻求中国权威媒体的印证，只会去找外国院校专家的评价。这就相当于他们接收到的信息，是在一手信源基础上加入主观色彩的结果，难免出现偏差。所以，目前我们正在做的就是努力以第一手信源的身份向世界发出中国声音，讲述中国故事。

杨钊在复旦大学参加 CGTN "我眼中的中国"高校巡回演讲

在柬埔寨"新国门"的德崇国际机场，杨钊与柬埔寨工程师登上正在建设中的大跨度屋顶

哪个瞬间或哪一次经历让你意识到，关于中国科技的国际传播是非常必要的？

在我们日常和中国科研工作者接触时，他们不止一位，也不止一次提到，外国驻华记者对中国科技发展是高度关注的，而且他们专业度极高。这是我们完全没有想到的。有几次，我们听科研人员说："你是第一个来找我的中国记者。"我问他们之前都谁来找你？他说，全都是外国记者。

也就是说，对于咱们本国科技发展的关注，外国人跑在了中国人前面。这让我们觉得，这事儿确实得赶紧做起来了。

谈探客工作室｜做出奇制胜的轻骑兵

探客工作室这几年佳作不少，这种工作室模式也是总台节目创新创优的一种尝试。

从一个创作者的角度看，我十分感谢总台给我们提供了足够大的创作空间。作为CGTN第一个科技类节目工作室，探客工作室并不是传统意义上的电视栏目组，我们可以放开手脚，作品形式可以更加多元、更加丰富。

如果把常规栏目组比作正规军，那我们工作室就像是出奇制胜的轻骑兵。我们可以关注更广泛的领域，更灵活地将人文历史、工业、农业等都与科技综合在一起，进行多维度讨论；我们也可以根据不同题材内容，选择短视频、专题节目、纪录片等节目形式；创作时我们也可以有足够的时间策划、积累素材，只为出精品节目。

这种允许我们"野蛮生长"的模式也最终促成了《砗磲：气候变化的自然档案》《病毒之外》《人类碳足迹》《多样之境》等作品的成功。2023年底，我们还推出了一档重磅基建科技纪录片《智慧建造》，我们希望打造一个可供国际传播的中国超级工程IP。基础建设是中国的一个重要的产业优势，也是我们在全世界范围内的一个重要的中国品牌。过去的报道更多是从基建为当地带来了就业机会、改善了交通等人文交流、经济交流的角度去切入的，所以这一次我们希望用探客工作室擅长的科技

在香港新地标"美利道2号"，杨钊和建筑师站在最高层俯瞰中环

角度去切这个话题，因为在全球范围里面，工程类纪录片也是一个非常卖座的类型。所以在这一个系列的片子中，你能看到非常炫酷的CGI动画以及这些庞然大物是如何被建造起来的。当然，我们也为这套工程纪录片增加了文化底蕴，通过主持人的视角去了解这个国家的城市发展和民族文化，建筑不仅仅是一项工程，更是回答这些国家所面临的发展之问和时代之问，比如金碧辉煌的现代迪拜如何通过基建保护自己的历史街区，柬埔寨国家体育场如何帮助这个国家站上世界舞台，我们的建筑如何才能实现碳中和等。

工作室成立以来，最耗心思、最满意的作品是哪一部？

每一个作品我们都花了心思，付出了努力。比如我们到中国科学院拍摄短片《砗磲：气候变化的自然档案》，一个疑问套着另一个，以一种递进的关系推进，仿佛在破案，从海底的砗磲（贝类动物）壳上破解台风、气候的规律，一气呵成，引人入胜。

2021 年，我在西藏跟拍了两支科考队，为联合国生物多样性大会制作科学纪录片《多样之境》，这是我们的第一部纪录长片，制作这部片子让我对气候变化话题产生了浓厚兴趣。

很快，我们开始构思纪录片《人类碳足迹》。作为 CGTN 2022 年重点纪录片项目，《人类碳足迹》自策划之初就确定了"立足中国，放眼世界"的制作理念。这部纪录片的选题涉猎范围之广，可以说是前所未有。光是进行知识储备就用了一年多，

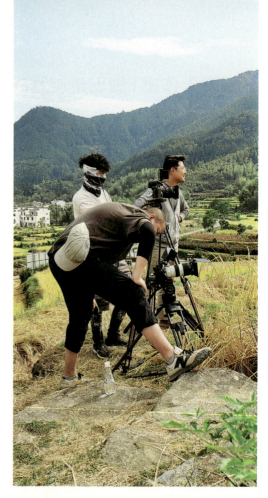

杨钊和摄影师在江西婺源拍摄粮食丰收

我给团队所有人上课，告诉他们什么是碳中和、片子要拍什么、画面如何呈现，以至于团队每个人后来都能像专家一样，把整个碳中和综合的谱系讲出来。这部片子集合全球 3 个区域制作中心，在 4 个大洲的 7 个国家取景拍摄。

巴黎时间 2022 年 12 月 2 日，总台 CGTN 携手中国常驻联合国教科文组织代表团，在联合国教科文组织总部举办"中国影像节"展映活动。《人类碳足迹》作为活动开幕影片，得到了教科文组织高级代表、多国常驻教科文组织代表、法国政界及文化界知名人士等 400 余位嘉宾的高度关注和赞许。

杨钊和摄影师在羊八井拍摄青藏高原"旗舰物种"温泉蛇

谈自我提升 | 职业生涯与总台发展密不可分

杨钊在香港采访迪拜哈利法塔的幕墙总设计师 Simon Chan

听说你以前是学金融的,最初是一名财经记者。从做财经报道到做中国科技的国际传播,其中有什么关联?

其实我毕业之后,是在会计师事务所工作,后来有机会,我就到央视英语频道做了记者。

经国务院批准,自 2016 年 5 月 1 日起,在全国范围内全面推开营业税改征增值税试点。我有财经从业背景,非常清楚这个政策的重要性,所以就做了一条解读"营改增"的片子,采访了专业人士,也加入了自己的解读,像科普一样,深入浅出让很多没有财税专业知识的人也听得明明白白。这条片子收获不少好评,我也发现自己似乎很擅长将专业问题拆解开来,再用浅显的话给观众讲明白。

这样的能力非常适合做财经和科技这样有理解门槛的题材。后来,我们调研也发现科技报道很有创作空间,所以便选择在这里迎接新挑战。这些年,也正是在总台的助力下,我们才越做越好。

在中国最大海外援建项目"柬埔寨国家体育场",杨钏采访柬方旅游部官员

在北京进行《人类碳足迹》的策划会,杨钏为摄制组全体成员讲解"碳中和"相关知识

在做不同领域的选题时,面对不可避免的知识盲区,你是怎么做的?

知识盲区是一定有的,面对盲区,考验的还是我们最基础的学习能力。它无关乎学什么东西,而是一旦拥有学习能力,拥有不断吸收新知识的能力,就能让我们胜任任何需要学习的工作。

从本质上来讲,我坚信任何一个复杂问题,都可以一级级拆解成我们能解决的若干子问题,这是科学研究范式,是吸收知识的过程,也是我们节目的逻辑。

而且我们和工作中遇到的很多科学家都成了朋友,遇到知识盲区我们会直接问,他们也会详细讲解,我再以观众的角度去消化、去设问能否这样理解。如果科学家觉得我理解得不对,打比方打得不合适,我就再去调整。久而久之,我们就形成了属于自己的知识谱系,对于陌生领域的理解也越来越快速。

总之,知识盲区一定有,但良好的学习能力能帮我们较快地找对方向,更精准地理解、消化专业科学家的观点。

闲聊两句

因为播报新闻被观众认出更开心，还是因为探客工作室的节目被认出更开心？

因为《探客》被认出更开心。有时我在自家小区里被家长或者比较大的孩子认出来，我问他，你是看什么节目知道我的？他说看《探客》的节目，并且对节目里的科技内容很感兴趣，这让我觉得很有成就感。我们做《探客》本身就是希望能让更多人对中国科技更关注、更感兴趣。

如果有年轻人想到探客工作室求职，你觉得需要有什么必备技能？

语言能力肯定要过关，然后要有讲故事的能力，也就是表达能力，能否把一件事情讲得清楚、有趣很重要。同时，要看他有没有很好的学习能力，我觉得拥有不断学习的能力会让人走得更远。另外，我希望他有一点"野心"，或者说是进取心，不要年纪轻轻就想着躺平，还是希望每一个来到探客工作室的人都有做出成绩、拍出好作品的"野心"。

你从小就是英语特别好的那种人吗？怎么练口语？

我可能确实有点语言模仿天赋，而且我不是那种特别害羞的人。从小我就能模仿英语磁带里的发音，别人好像特别害羞，但我不会，还能学得特别像。当然，发音不是英语的全部，但是对于初学者而言，发音好会让你获得很多关注，老师一夸，小孩子就有兴趣学。后来我接触到一些外教教孩子发音，他们会在教"th"（/θ/）这样的咬舌音时，非常夸张地咬住大半个舌头示范。所以我觉得学语言时，不害羞、夸张地模仿、多鼓励、多练都是有益的。

记者：李冰